INGRID & PELLE HOLMBERG

DAS KLEINE FEINE PILZKOCHBUCH

REZEPTE FÜR ALLTAG UND FESTE

FOTOS VON SUSANNE HALLMANN

Jan Thorbecke Verlag

Dank an Dieter Endom und Jens Linder dafür,
dass sie ihren großen Wissensschatz mit uns geteilt haben.
Dank auch an die Pilz-Berater, Nachbarn,
Verwandte und Freunde, die zu dem Buch beigetragen haben.

Aus dem Schwedischen übersetzt von Ricarda Essrich

Umschlaggestaltung: Finken & Bumiller, Stuttgart
Gedruckt in China
ISBN 978-3-7995-0548-2

INHALT

VORWORT

Vor zehn Jahren ist *Das Pilzkochbuch* erschienen, das wir zusammen mit dem Meisterkoch Dieter Endom geschrieben haben. Dieter war der erste Koch, der sich zum Pilzsachverständigen ausbilden ließ. Es war sehr unterhaltsam und lehrreich, mit ihm zusammenarbeiten zu dürfen. Auch zu diesem Buch hat Dieter mit einem seiner besten Rezepte beigetragen. Ein großes Dankeschön dafür, Dieter!

Jetzt, finden wir, ist es Zeit für ein neues Pilzkochbuch, und wir hoffen, wir können Sie ein wenig dazu animieren, beim Kochen öfter Pilze zu verwenden. Man kann so viel mehr mit ihnen machen, als sie zu braten oder in einer Mehlschwitze zu ertränken.

Inzwischen haben wir fast 40 Jahre lang die verschiedensten Pilze gesammelt und zubereitet. Pelle ist Biologe und Autor von fast 20 Naturbüchern. In seinem arbeitsreichen Leben hat er schon Tausende Pilz-Enthusiasten getroffen und viele Pilzsachverständige Schwedens ausgebildet. Einige von ihnen haben ebenfalls Beiträge zu diesem Buch spendiert.

Ingrid hat Pelle auf vielen Ausflügen und Ausstellungen begleitet. Manchmal hatten wir Probierportionen einer Pilzsuppe oder einem anderen Gericht dabei, und viele fragten uns nach den Rezepten und Vorschlägen, wie man Pilze verarbeiten kann.

Zu Hause ist Pelle der Pilzpflücker vor dem Herrn. Jahrelang ist er oft ganz früh aus dem Haus gegangen, bevor jemand wach war, und gerade rechtzeitig zum Frühstück wiedergekommen – mit zwei Kilogramm Walderdbeeren, zehn Kilogramm Heidelbeeren oder drei Körben voller Pilze.

Zum Glück macht Ingrid das Kochen Spaß, und so hat sie freudig das zubereitet, was Pelle mit nach Hause brachte. Einige unserer besten Stunden hatten wir, wenn wir zusammen die Ernte aus der großen Speisekammer der Natur – sowohl aus dem Wald als auch aus dem heimischen Garten – verarbeiteten.

Pilze und Beeren waren uns immer eine willkommene Zutat beim Kochen, nicht zuletzt bei vier kleinen Kindern und knappem Einkommen. Da bedeuteten Beeren und Pilze eine Abwechslung im Alltag und eine schöne Ergänzung des Lebensmitteleinkaufs. Jetzt sind die Kinder erwachsen, und zu unserer Freude stellen wir fest, dass sie und sogar ihre Freunde gerne Pilze und Beeren sammeln. Jedes Jahr im Herbst veranstalten wir einen improvisierten Pilzausflug mit den Kindern, ihren Familien, Freunden und den Eltern ihrer Freunde.

Wir hoffen, Sie lassen sich von unserem Buch inspirieren und die Pilze Ihr Essen mit ihrem herrlichen Geschmack bereichern!

INGRID *und* PELLE HOLMBERG

PILZE SAMMELN UND VERARBEITEN

Zum Pilzesammeln ist ein bewölkter, trockener Tag ideal. An sonnigen Tagen ist es oft schwer, die Pilze zu entdecken, und an regnerischen Tagen werden die Pilze nass und halten dadurch nicht so lange. Zum Sammeln benötigen Sie einen ausreichend großen und luftdurchlässigen Korb, ein Messer und eine Bürste. Es gibt sogar spezielle Pilzmesser mit einer Bürste im Schaft. Oft sind dabei aber die Borsten viel zu weich. Schneiden Sie dann ein Stück der Borsten ab, damit sie steifer werden.

Sammeln Sie Pilze nie in einer Plastiktüte. Darin wird es schnell warm und feucht, es beginnen verschiedene Zersetzungsprozesse, und die Pilze werden schlecht. Notfalls können Sie eine Papiertüte verwenden, um die Pilze zu sammeln.

Sammeln Sie nur Pilze, die Sie ganz sicher erkennen. Wollen Sie mehr über Pilze lernen? Besuchen Sie Pilzexkursionen, einen Kurs oder Ausstellungen. Legen Sie sich mindestens ein gutes, aktuelles Pilzbuch zu, das auf das Sammeln von essbaren Pilzen in Ihrer Region ausgelegt ist. Die Klassifizierung mancher Arten hat sich in den letzten Jahren geändert. In älteren Büchern können Pilze, von denen wir heute abraten, als essbar oder sogar wohlschmeckend aufgeführt sein. Sollten Sie unterschiedliche Angaben in den Büchern finden, vertrauen Sie am besten dem aktuellsten Buch.

Sammeln und grob säubern

Die Pilze im Wald grob zu säubern, erleichtert das weitere Säubern zu Hause. Denken Sie daran, nicht mehr Pilze zu sammeln, als Sie idealerweise noch am selben Tag verarbeiten können.

Ernten Sie immer den gesamten Pilz mit dem Stielfuß. Riechen Sie am Pilz: Duftet dieser, wie er soll? Wenn Sie den Pilz sicher erkannt haben: Schneiden Sie den erdigen Fuß des Stiels ab. Zerschneiden Sie den Pilz, wenn er groß ist, und prüfen Sie, ob er von Larven befallen ist. Pilze, die zu sehr befallen sind, sollten Sie wegwerfen. Bei kleinerem Befall schneiden Sie diesen weg. Feste Röhren dürfen bleiben. Bürsten Sie Tannennadeln und Erde ab, bevor Sie den Pilz in den Korb legen.

Finden Sie einen Pilz, den Sie zu Hause gerne näher bestimmen würden, legen Sie diesen getrennt von den anderen in den Korb oder in ein separates Gefäß.

Auf diese Weise haben Sie bei Ihrer Heimkehr einen Korb voller sauberer Pilze ohne Tierbefall und können mit dem feinen Säubern anfangen.

Fein säubern

Legen Sie die Pilze auf einem Tisch aus. Sortieren Sie nach Arten. Beginnen Sie mit der Reinigung von Täublingen und Röhrlingen, denn diese sind am empfindlichsten. Pfifferlinge, Trompetenpfifferlinge und Totentrompete halten sich mehrere Tage, wenn sie luftig im Kühlschrank liegen.

Ziehen Sie das zähe Velum ab, wie es z. B. beim Butterpilz oder beim Großen Schmierling vorkommt. Nadeln und Dreck, der an den Hüten fest haftet, können Sie mit der rauen Seite eines feuchten Küchenschwamms entfernen. Pilze, die vorgekocht oder blanchiert werden sollen, können abgespült werden, wenn sie schmutzig sind. Pilze, die getrocknet werden sollen, am besten nicht abspülen, sie sollten so trocken wie möglich sein.

Wenn Sie es nicht bereits im Wald getan haben, schneiden Sie nun die schwammigen Röhrenschichten sowie von Larven befallene Teile weg. Bei nur kleinen Löchern im Pilz können Sie ihn trotzdem im Ganzen verwenden.

Überlegen Sie, was Sie mit dem Pilz machen möchten. Einfrieren? Trocknen? Große oder kleine Stücke? Gibt es Risiken, aufgrund derer der Pilz abgekocht werden sollte?

Pilze, die im eigenen Sud gekocht werden sollen, schneiden Sie am besten direkt in einen Topf. Pilze, die getrocknet werden sollen, legen Sie in Stücke geschnitten in einen Dörrautomaten und setzen sie nach und nach an. Die gesäuberten und geschnittenen Pilze können Sie in verschiedene Schalen geben, je nachdem, was Sie damit machen möchten.

Und falls Sie nur eine Tagesernte mit einer Hand voll Pilzen gesammelt haben, bereiten Sie diese am besten direkt zu und genießen sie frisch.

ACHTUNG! Nicht nur derjenige, der sie sammelt, auch wer sie reinigt, sollte die Pilze ganz sicher erkennen.

Einfrieren

Man kann Pilze frisch einfrieren, aber sie nehmen dann sehr viel Platz im Gefrierschrank weg. Säubern Sie die Pilze, lassen Sie sie entweder ganz oder zerteilen Sie sie. Dann in Gefrierbeutel oder Boxen verpacken und einfrieren. Nicht vergessen: Inhalt und Datum auf der Verpackung notieren.

Viele kochen die Pilze vor dem Einfrieren vor. Dafür werden die gesäuberten, geschnittenen Pilze in einen Topf gefüllt, in dem sie sanft in ihrem eigenen Sud vor sich hin kochen dürfen. Achten Sie darauf, dass der Sud nicht vollständig verkocht. Sind die Pilze zu trocken, geben Sie etwas Wasser hinzu. Die Flüssigkeit schützt die Pilze vor „Gefrierbrand" im Gefrierschrank. Die Pilze abkühlen lassen, in Gefrierdosen oder -beutel füllen und mit Inhalt und Datum beschriften.

Achten Sie darauf, dass der Gefrierschrank richtig kalt ist, er darf nie mehr als -18 °C haben. In der Regel gibt es einen Knopf für Schockfrostung, den Sie benutzen sollten, wenn Sie größere Mengen einfrieren möchten.

Hat man sehr viele Pilze gesammelt, die man alle einfrieren will, kann man sie auch blanchieren. Dafür werden die gesäuberten und zerschnittenen Pilze in einen Topf mit kochendem Wasser gegeben, das die Pilze knapp bedecken sollte. Kurz aufkochen und dann wenige Minuten kochen lassen. Das Wasser abgießen, aber aufheben, wieder in den Topf gießen und damit die nächste Portion Pilze kochen. Pilze mit kaltem Wasser abspülen und in Gefrierdosen oder -beutel füllen. Wenn alle Pilze gekocht sind, können Sie ein wenig Wasser in die

Beutel und Dosen gießen, sodass die Pilze knapp bedeckt sind.

Das Blanchieren hat mehrere Vorteile. Es geht schnell, die Pilze bekommen eine tolle Konsistenz, und Röhrlinge sind nicht mehr so schleimig. Blanchierte Pilze lassen sich schneller braten und saugen nicht so viel Fett auf wie frische oder vorgekochte Pilze.

Für Täublinge jedoch ist Vorkochen (oder Trocknen) besser als Blanchieren. Das Velum bei Täublingen verfärbt sich, wenn man die Pilze vorkocht, und Rote Heringstäublinge werden hübsch rosa – Farben, die verschwinden, wenn man sie blanchiert.

Und der Geschmack? Verlieren die Pilze nicht ihren Geschmack? Unserer Meinung nach schmecken die Pilze nach dem Blanchieren genauso gut. Wir machen das sehr oft mit frischen Pilzen, auch mit Zuchtchampignons, bevor sie zubereitet werden. Wir haben auch schon Pilze in Brühe gekocht.

Sie können die übrig gebliebene Flüssigkeit als Brühe verwenden. Allerdings kann diese etwas gallertartig sein, wenn man viele Röhrlinge gekocht hat. Dann schüttet man sie besser weg.

ACHTUNG! Die Pilze müssen richtig abkühlen, bevor sie in den Gefrierschrank dürfen.

Trocknen

Getrocknete Pilze sind vielseitig verwendbar. Röhrlinge gewinnen sehr durch das Trocknen, weil sie dann ihre Schleimigkeit verlieren. Besonders Sand-Röhrlinge sind getrocknet viel, viel besser als frisch. Denken Sie daran, dass getrocknete Pilze ein starkes Aroma haben. Verwenden Sie davon lieber etwas zu wenig als zu viel.

Der zähe Stiel des Gemeinen Riesenschirmlings eignet sich gut, um ihn zu trocknen und Pilzmehl daraus herzustellen. Teilen Sie die Pilzstiele in Fasern und lassen Sie sie trocknen. Bei normaler Zimmertemperatur geht das sehr schnell.

Getrocknete Pilze brauchen wenig Platz. Man nimmt immer nur so viel, wie man benötigt. Sie halten sich lange. Nils und Astrid Suber luden Pelle neulich auf einen 30 Jahre alten getrockneten Gemeinen Riesenschirmling ein, der hervorragend schmeckte. Aber eine so lange Aufbewahrungszeit empfehlen wir nicht. Am besten verbraucht man den Vorrat an getrockneten und gefrorenen Pilzen bis zur nächsten Pilzsaison. Dünne Pilze wie Trompetenpfifferlinge, Starkriechende Trompetenpfifferlinge und Totentrompeten kann man bei Zimmertemperatur trocknen. Zerpflücken Sie die Pilze in kleine Stücke, oft finden sich Dreck und Insekten im Trichter.

Breiten Sie die Pilze auf einem Betttuch oder einem anderen dünnen Stoff mit einer Zeitung oder Wellpappe darunter aus und stellen Sie sie an einen belüfteten Ort. Oder legen Sie sie in luftige Körbe. Von Zeit zu Zeit sollten Sie die Pilze wenden. Nach spätestens drei Tagen sollten die Pilze ganz trocken sein.

Dickere Pilze brauchen eine Heizquelle zum Trocknen. Ein Dörrautomat funktioniert natürlich am besten. Den können Sie auch benutzen, um Früchte, Beeren und Kräuter zu trocknen. Es gibt verschiedene Dörrautomaten auf dem Markt.

Sie können sich aber auch ein eigenes Trockengerät bauen. Die Pilze müssen luftig liegen, am besten auf Trockengittern. Ein Fliegengitter kann man auch zum Trocknen benutzen. Stellen Sie das Gestell über einen Lüfter, in einen Trockenschrank oder an einen anderen warmen, gut belüfteten Ort. Überprüfen Sie in regelmäßigen Abständen, ob die Pilze noch frisch sind. Nach maximal drei Tagen sollten sie trocken sein. Auch im Ofen kann man Pilze trocknen, aber die Temperatur darf dann nicht höher als 50 °C sein, denn sonst werden die Pilze schwarz und bitter.

Pilze, die getrocknet werden sollen, schneiden Sie am besten in gleich dicke Stücke. Je dünner, desto kürzer die Trockenzeit. Wenn Sie einen Dörrautomat benutzen, beachten Sie bitte die Gebrauchsanweisung. Aufbewahren können Sie die getrockneten Pilze in Gläsern mit Deckel. Wenn Sie größere Mengen Pilze verarbeiten, sollten Sie die Gläser mit Inhalt und Datum kennzeichnen.

Einsalzen

In Finnland, Russland und anderen osteuropäischen Ländern wurden Pilze schon seit langem eingesalzen. Das kann man mit allen Pilzsorten machen. Dafür die Pilze reinigen und in Scheiben schneiden. Im eigenen Sud vorkochen. In einem Glas oder einem Topf Pilze und Salz schichten. 80–100 g grobes Salz pro Liter vorgekochter oder abgekochter Pilze (beachten Sie den nächsten Absatz zu Nordischen und Rotbraunen Milchlingen). Mit einer Untertasse beschweren, damit die Pilze immer in der Salzlake liegen, die sich bildet.

Nordische und Rotbraune Milchlinge müssen zunächst abgekocht werden, bevor man sie einsalzen kann. Säubern Sie die Pilze und schneiden Sie sie in Stücke, kleine Milchlinge können ganz bleiben. Geben Sie die Pilze zusammen mit kaltem Wasser in einen Topf. 10–20 Minuten kochen lassen, dann abgießen. Die Pilze abspülen. Dann die Pilze und das Salz wie oben beschrieben schichten.

Die eingesalzenen Pilze kühl aufbewahren. Möchten Sie sie verwenden, wässern Sie sie vorher 8–10 Stunden in richtig kaltem Wasser.

Konservierung im Einmachglas

Beim Erhitzen werden die Mikroorganismen im Pilz zerstört. Die Luft dehnt sich aus und entweicht unter dem Gummiring. Wenn das Glas abkühlt, zieht sich die Luft im Inneren wieder zusammen, und der Deckel sitzt fest.

Säubern und zerschneiden Sie die Pilze. Kleine Pilze dürfen ganz bleiben. Die Pilze in einen Topf geben, pro 300 g Pilze ½ TL Salz zufügen. Mit Deckel im eigenen Sud für ca. 10 Minuten kochen.

Befüllen Sie saubere Einmachgläser bis ca. 2 cm unter den Rand. Kochen Sie den Gummiring ein paar Minuten in Wasser, bevor Sie ihn befestigen. Gläser verschließen. Ein Handtuch o. Ä. in einen Topf legen. Die Gläser daraufstellen und mit Wasser auffüllen, bis die Gläser zu zwei Dritteln bedeckt sind. Bei niedriger Hitze die Pilze 1 ¼ Stunden kochen. Dann die Gläser im Topf abkühlen lassen. Herausnehmen und mit einem Handtuch abdecken, während sie ganz abkühlen. Gläser an einem dunklen und kühlen Ort aufbewahren.

PILZE ZUBEREITEN

Pilze sind schwer verdaulich und müssen daher lange gekocht werden, mindestens 10–20 Minuten. Ein Pilzrahm oder eine Suppe, die lange vor sich hin köchelt, wird immer besser. Studien des schwedischen Chemikers Börje Wickberg u. a. am Chemiezentrum in Lund haben ergeben, dass verschiedene chemische Verbindungen, die sich in Pilzen finden oder sich bilden, wenn der Pilz beschädigt wird, mehr oder weniger giftig für uns Menschen sein können, wenn wir die Pilze roh essen. Werden die Pilze erhitzt, macht man diese Stoffe damit unschädlich. Es geht uns also besser, wenn die Pilze zubereitet werden.

Frische Pilze

Geben Sie die Pilze in Scheiben geschnitten oder ganz in eine Bratpfanne oder einen Topf, lassen Sie sie vorsichtig im eigenen Sud kochen, der beim Braten austritt, bis sämtliche Flüssigkeit eingekocht ist. Geben Sie Butter oder Öl hinzu. Bei Pilzrahmsaucen oder Suppen können Sie die Pilze einfach eine Weile im Fett bräunen.

Möchten Sie die Pilze gebraten servieren, schwitzen Sie sie im Fett an, bis sie schön gebräunt sind.

Sie können das Fett auch erhitzen und die Pilze dann hineingeben und braten. Das geht am besten mit Pilzen, die etwas trockener und in dünne Scheiben geschnitten sind. Achten Sie dann aber darauf, nicht zu viele Pilze auf einmal in die Pfanne zu geben, da diese Wasser ziehen. Lassen Sie die Flüssigkeit vollständig einkochen.

Röhrlinge werden leicht schleimig, wenn man sie vorkocht. Blanchieren Sie sie daher kurz: Die Pilze in kochendes Wasser geben, sodass sie gerade bedeckt sind, kurz aufkochen lassen, dann die Flüssigkeit abgießen und die Pilze braten. Das funktioniert auch mit Pfifferlingen, Trompetenpfifferlingen, Schaf-Porlingen, Semmel-Stoppelpilzen und Champignons.

Gefrorene Pilze

Gefrorene Pilze sollten Sie auftauen lassen. Dann die Flüssigkeit abgießen und aufheben. Butter in einem Topf oder einer Bratpfanne schmelzen lassen oder Öl erhitzen. Wie oben beschrieben anbraten. Die Flüssigkeit können Sie für Suppen und Pilzrahmsaucen verwenden oder ganz einfach nach und nach dazugießen, wenn Sie die Pilze braten.

Getrocknete Pilze

Getrocknete Pilze werden in kaltem, lauwarmem oder heißem Wasser eingeweicht. Je dünner die Pilzstücke sind, desto schneller geht es. Prüfen Sie von Zeit zu Zeit, ob die Pilze schon weich geworden sind. Gießen Sie das Einweichwasser ab und verwenden Sie es bei der Zubereitung Ihrer Speisen.

Getrocknete Totentrompeten haben ein sehr intensives Aroma, nehmen Sie also nicht zu viel. Die

Einweichflüssigkeit schütten wir meist weg, da sie sehr schwarz wird und den Speisen eine aschgraue Färbung verleiht.

Braten Sie die eingeweichten Pilze in etwas Fett, geben Sie etwas vom Einweichwasser hinzu, falls sie zu trocken werden. Oder geben Sie die getrockneten Pilze zerbröselt direkt in Saucen, Suppen, Pilzrahmsaucen oder Risottos. Denken Sie aber daran, dass sie mindestens 10 Minuten mitkochen müssen.

Getrocknete Pilze können zu Pilzmehl gemahlen werden, das Sie dann zum Abschmecken an verschiedene Gerichte geben können.

Konservierte Pilze

Konservierte Pilze werden wie die gefrorenen zubereitet. Auch der Sud kann verwendet werden.

Eingesalzene Pilze

Eingesalzene Pilze müssen 8–10 Stunden gewässert werden, bevor sie zubereitet werden können, siehe Seite 11.

Zuchtpilze

Wenn man Pilze mag, möchte man sie am liebsten immer frisch haben, auch wenn es gerade in der Natur keine gibt. Gut sortierte Geschäfte bieten oft mehrere Sorten an, z. B. Champignons, Kleine Waldchampignons, Zucht-Champignons, Austern-Seitlinge und Shiitake-Pilze. Wir mischen oft Zuchtpilze mit denen, die wir gesammelt haben. Im Supermarkt bei uns um die Ecke wunderten sie sich zunächst, denn sie hätten nicht gedacht, dass ausgerechnet wir Pilze kaufen würden. Aber wenn man Pilze mag, mag man natürlich auch die gezüchteten!

Milde Pilzmischungen zusammen mit gesammelten Pilzen können eine Geschmackssensation sein. Austern-Seitlinge sind an sich sehr mild, man kann sie z. B. hervorragend mit Pfifferlingen mischen. Hat man nur ein paar Pfifferlinge gesammelt, kann man Austern-Seitlinge dazu kaufen.

Zögern Sie nicht, Zuchtpilze für die Rezepte in diesem Buch zu benutzen. Meist geben wir auch Tipps, welche Pilze man statt der im Rezept genannten verwenden kann.

Umrechnungstabelle

Wir haben eine Tabelle erstellt, die ungefähr angibt, wie viel vorgekochte und getrocknete Pilze man aus frischen Pilzen erhält. Wir hoffen, dass Sie so die Rezepte ganz einfach für die Pilzmenge umrechnen können, die Sie verwenden möchten.
Gefrorene vorgekochte Pilze werden genauso gerechnet wie die vorgekochten Pilze in der Tabelle.

FRISCHE PILZE	VORGEKOCHTE PILZE	GETROCKNETE PILZE	PILZMEHL
200–300 g	Knapp 200–300 g	20–30 g	20–30 g

PILZMEHL

Es ist immer gut, Pilzmehl im Haus zu haben. Einfach in Suppen und Saucen streuen, die ein wenig Pilzaroma erhalten sollen. Hat man viele frische Pilze mit mildem Aroma, kann man sie mit Pilzmehl kombinieren, um das Aroma zu verstärken.

- Getrocknete Pilze, egal welche Sorte

Lesen Sie auf S. 9 nach, wie man Pilze trocknet. Wenn die Pilze richtig trocken sind, mahlt man sie in einem Mixer zu Mehl. Bewahren Sie das Pilzmehl in einem Einmachglas mit Deckel auf. Am besten beschriften Sie das Glas mit der Pilzsorte oder den Pilzsorten, die Sie verwendet haben.

Man kann aus allen Pilzen Mehl machen. Röhrlinge gewinnen durch das Trocknen, weil dann die Schleimigkeit verschwindet. Der Sand-Röhrling ist sogar getrocknet viel besser als frisch. Pilzmehl aus Brätlingen eignet sich gut als Würze zu Fisch- und Schalentiergerichten. Ich trockne oft den Stiel des Gemeinen Riesenschirmlings, denn für die Zubereitung ist er zu zäh und holzig, aber für Pilzmehl bestens geeignet. Wenn man die Stiele in Fasern zerrupft und luftig in einen Korb o. Ä. legt, trocknen sie schnell.

Sie können das Pilzmehl auch zum Panieren verwenden, entweder pur oder gemischt mit Semmelbröseln oder Weizenmehl.

20–30 g Pilzmehl entsprechen mindestens 200–300 g frischen Pilzen. Nehmen Sie lieber etwas zu wenig als zu viel davon, wenn Sie Gerichte abschmecken, getrocknete Pilze können ein sehr starkes Aroma haben.

PILZBOUILLON

Inger Ingmansson hat mehrere Bücher darüber geschrieben, was man alles aus der Natur verwenden kann, von Kräutern bis Wild. Hier kommt ihr Rezept für eine Pilzbouillon. Es ist wichtig, getrocknete Pilze zu nehmen, denn sonst wird die Bouillon leicht schleimig. Sie können auch holzige Pilzstiele trocknen und dann für die Bouillon verwenden.

- 50 g getrocknete Pilze
- 1 Stück frischer Ingwer, geschält
- 1 ca. 10 cm langes Stück Lauch
- 2 TL Sojasauce
- 2 TL Fett
- ein paar Pfefferkörner
- 1 l Wasser oder Hühnerbrühe

Alle Zutaten in einen Topf geben und das Wasser darübergießen. Zugedeckt für 2 Stunden in einen auf 150 °C vorgeheizten Ofen stellen. Dann die Bouillon durch ein Sieb gießen und abschmecken. Die Bouillon kann als Consommé mit Kerbel oder Petersilie serviert werden. Oder vermischen Sie in einer kleinen Schale ein wenig Sahne mit einem Eigelb und gießen Sie dann die heiße Bouillon darüber.

Sie können die Bouillon in einem Eiswürfelbehälter einfrieren und zum Abschmecken verschiedener Gerichte verwenden. Die Bouillon kann auch in Gläsern konserviert werden.

Benutzen Sie dafür ganz saubere Gläser mit Gummiringen. Die Gummiringe ein paar Minuten abkochen. Gläser bis ca. 2 cm unter den Rand befüllen und den Gummiring in den Deckel setzen, die Gläser damit verschließen. Auf ein zusammengewickeltes Handtuch in einen großen Topf stellen, so viel Wasser einfüllen, dass die Gläser zu zwei Dritteln bedeckt sind. Wasser aufkochen und bei niedriger Hitze ca. 1 Stunde lang sieden lassen. Herausnehmen und unter einem Handtuch ganz abkühlen lassen. An einem dunklen und kühlen Ort aufbewahren.

Die übrig gebliebenen Pilze haben nicht etwa ihr gesamtes Aroma verloren, Sie können sie weiterverwenden (wenn es nicht nur holzige Pilzstiele waren). Wie wäre es, sie zusammen mit etwas Bauch- oder Rückenspeck zu braten?

MAIRITTERLING-SUPPE MIT BRENNNESSELN UND GIERSCH

Jedes Mal, wenn wir Suppe essen, fragen wir uns, warum wir das nicht öfter machen. Aus beinahe jeder Zutat kann man ganz einfach eine Suppe zubereiten. Und wenn man dann noch ein paar Pilze zur Hand hat, wird sie besonders lecker.

4 PORTIONEN

- 100–150 g frische Mairitterlinge
- ca. 3 Handvoll frische Brennnesseln
- 2 Handvoll gehackter Giersch
- 1 kleine Zwiebel, fein gehackt
- Butter oder Öl
- 1 l Wasser
- evtl. 2 EL Weizenmehl
- 1–2 Würfel Hühner- oder Gemüsebrühe
- evtl. 1–2 EL Sahne
- Kerbel
- 2 EL gehackter Bärlauch, Schnittknoblauch oder Schnittlauch
- Salz, Pfeffer

Mairitterlinge in dünne Scheiben schneiden. Diese Pilze haben ein ganz besonderes Aroma; um dieses abzumildern, kann man die Pilze abkochen. Dafür die Pilze in reichlich kaltes Wasser geben und aufkochen. 5 Minuten kochen lassen, dann das Wasser abgießen.

Brennnesseln säubern und in kochendes Wasser legen. Ein paar Minuten kochen lassen, dann das Wasser abgießen. Die Nesseln fein hacken. Zwiebeln, Pilze und Giersch in etwas Butter oder Öl bei niedriger Hitze glasig dünsten. Wasser aufkochen. Wünscht man eine gebundene Suppe, streut man Mehl über die Pilze und verdünnt unter ständigem Rühren mit der heißen Flüssigkeit. Ansonsten gibt man die Flüssigkeit direkt darüber. Die Brühwürfel darin auflösen und alles ca. 10 Minuten kochen lassen.

Brennnesseln zugeben und weitere 5 Minuten kochen lassen. Gegebenenfalls etwas Sahne zugeben. Mit Salz, Pfeffer und Kerbel abschmecken und Bärlauch, Schnittknoblauch oder Schnittlauch darüberstreuen.

Genauso gut kann man die Suppe mit Spinat und anderen Pilzen kochen, aber die hier verwendeten Zutaten wachsen gleichzeitig. Eine richtige Frühlingssuppe!

PELLES PILZSUPPE

Im Laufe der Jahre haben wir Pelles Pilzsuppe sehr oft serviert. Suppe ist ein tolles Gericht, wenn man viele Gäste hat. Mit gutem Brot, Käse, einer hübschen Tischdeko und einem leckeren Nachtisch kreieren Sie sogar ein richtiges Festmahl!

4 PORTIONEN

- 450 g frische Mischpilze oder eine entsprechende Menge gefrorene oder getrocknete
- 1 Zwiebel, gehackt
- 1 kleine Möhre, gehackt
- evtl. Knollensellerie (in gleicher Menge wie die Möhre), gehackt
- 2 EL Butter
- 1 l Wasser
- 2 Würfel Hühner- oder Gemüsebrühe
- 2 EL Weizenmehl oder 4 EL heller Saucenbinder
- 50 g Crème fraîche
- Petersilie
- Salz, Pfeffer

Die Pilze hacken. Pilze, Zwiebel, Möhre und ggf. Sellerie in der Butter anschwitzen, bis die Flüssigkeit stark eingekocht ist. Wenn Sie getrocknete Pilze verwenden, sollten Sie diese vorher einweichen. Dann während der Einweichzeit Zwiebeln, Möhre und ggf. Sellerie anschwitzen und zum Schluss die eingeweichten Pilze hinzufügen. Evtl. etwas Wasser hinzufügen.

Wasser aufgießen und die Brühwürfel darin auflösen. Mindestens 10 Minuten kochen lassen.

Weizenmehl mit etwas Wasser verrühren und unter ständigem Rühren in die Suppe gießen. Weitere 5 Minuten kochen. Die Stärke kann direkt in die kochende Suppe eingestreut werden. Zum Schluss Crème fraîche einrühren und kurz aufkochen. Mit Salz und Pfeffer abschmecken und gehackte Petersilie darüberstreuen.

Dies hier ist eine einfache Alltagssuppe. Wir finden, sie wird am besten aus getrockneten Pilzen. Die Suppe kann ganz unterschiedlich schmecken, je nachdem, welche Pilze verwendet werden. Nimmt man sehr milde Pilze, kann das Aroma mit Pilzmehl verstärkt werden. Ich schmecke manchmal mit etwas Limetten- oder Zitronensaft ab. Wurzelgemüse passt gut zu Pilzen, ich nehme manchmal Pastinaken dazu. Zu festlichen Anlässen kann man einen Teil des Wassers gegen Wein austauschen oder einen Schuss Cognac oder Sherry am Schluss dazugeben und die Menge der Crème fraîche erhöhen. Versuchen Sie doch auch mal, die Suppe ganz fein zu pürieren und mit einigen Stückchen gebratenen Pilzen vor dem Servieren zu garnieren.

FISCHSUPPE, MIT ODER OHNE FISCH

Rote Heringstäublinge und Brätlinge haben beide ein leichtes Schalentier-Aroma. Sie können das Gericht auch mit anderen milden Pilzen zubereiten.

- 300–500 g frische Rote Heringstäublinge und Brätlinge
- 1 EL Rapsöl
- 1 Möhre, grob gerieben
- 1 Stange Lauch, in Scheiben
- 1–2 Stängel Staudensellerie, in Scheiben
- 1 l Fischbrühe, aus Brühwürfeln oder selbst gemacht (siehe unten)
- 1 EL Limetten- oder Zitronensaft
- 3 EL heller Saucenbinder
- evtl. 300 g Fischfilet, in kleinen Stücken
- evtl. 80 g grüne Erbsen
- Dill
- Salz, Pfeffer

Wenn Sie den Fisch in der Suppe weglassen möchten, nehmen Sie einfach mehr Pilze. Die Roten Heringstäublinge in Stücke schneiden. Die Brätlinge können gerieben werden. Pilze bei niedriger Hitze in einem Teil des Öls 10–15 Minuten anbraten; falls sie zu trocken werden, etwas Wasser hinzufügen. Möhren und Lauch im restlichen Öl in einem Topf anschwitzen.

Die gebratenen Pilze und den Staudensellerie zugeben, die Brühe dazugießen und aufkochen lassen. Suppe abbinden, wenn das Gemüse fast gar ist. Erneut aufkochen lassen. Den Fisch hinzufügen und langsam mitkochen lassen, bis er glasig ist. Ggf. grüne Erbsen hinzufügen. Mit Salz und Pfeffer abschmecken und Dill darüberstreuen.

Brühe: Sollten Sie frischen Fisch kaufen, lassen Sie sich diesen direkt filetieren, nehmen Sie aber Kopf und Gräten mit. Kiemen entfernen. Gräten und Kopf (500–750 g) in einen Topf geben, 1 Liter Wasser aufgießen. Aufkochen lassen und abschäumen. 2 TL Salz, 5 weiße Pfefferkörner, das Grün vom Lauch für die Suppe, 1 kleine Möhre, 1 Stange Staudensellerie oder ein paar Blätter Liebstöckel und Dill hinzufügen. Bei schwacher Hitze zugedeckt mindestens 20 Minuten kochen lassen. Wenn Sie getrocknete Brätlinge verwenden, können Sie diese direkt mitkochen. Beim Abseihen der Bouillon die Pilzstücke wieder herausnehmen, in dünne Streifen schneiden und anschließend wieder in die Suppe geben.

Variante: Ersetzen Sie z. B. die Hälfte des Wasser durch einen trockenen Weißwein (lassen Sie dann den Limettensaft weg) und geben Sie etwas Sahne oder Crème fraîche hinzu.
Ein paar geschälte Garnelen in die Suppe legen und heiß werden lassen. Etwas mehr Fisch und ein paar Kartoffelstücke, schon haben Sie einen herrlichen Fischeintopf.

TROMPETENPFIFFERLINGSSUPPE MIT GORGONZOLA

Per-Axel Karlsson ist essensbegeisterter Wortführer der Pilzsachverständigen. Seine Suppe aus Trompetenpfifferlingen und Gorgonzola ist seit vielen Jahren – nicht nur unter den Experten – ein Lieblingsgericht.

4 PORTIONEN

- 500 g frische Trompetenpfifferlinge
- 2–3 EL Butter
- 1 Zwiebel, fein gehackt
- 2 EL Weizenmehl
- evtl. 2 TL Pilzmehl (siehe S. 17)
- 1 l Hühner- oder Pilzbrühe aus Brühwürfeln
- 1 TL Kapern
- 50 g Gorgonzola
- 2 EL Crème fraîche
- Saft von ½ Zitrone
- Cayennepfeffer
- 50 ml Portwein
- ca. 50 g Rucola
- Frisches Basilikum
- Salz

Die Trompetenpfifferlinge in einem Topf anbraten, bis alle Flüssigkeit, die aus den Pilzen austritt, eingekocht ist. Ein Viertel der Pilze herausnehmen und bei schwacher Hitze leicht knusprig braten. Bis zum Servieren zur Seite stellen.

Butter und Zwiebeln in den Topf geben und alles braten, bis die Zwiebeln glasig sind. Das Mehl und ggf. das Pilzmehl darüberstreuen. Mit heißer Brühe auffüllen. Unter Rühren aufkochen und 10 Minuten köcheln lassen.

Die Suppe mit Kapern, Gorgonzola und Crème fraîche pürieren. Aufkochen lassen, mit Zitronensaft, Cayennepfeffer, Portwein und Salz abschmecken.

Den Rucola zerrupfen und in die Suppe geben, kurz köcheln lassen. Die Suppe in vorgewärmte Teller füllen und mit den gebratenen Pilzen sowie Basilikum garnieren.

TINAS BESTE TROMPETENPFIFFERLINGSSUPPE

Tina ist eine ehemalige Arbeitskollegin, die es liebt, in den Wald zu gehen, Pilze zu sammeln und Vögel zu beobachten. Dies ist ihre Lieblingssuppe, die eigentlich aus einem Rezeptheft aus dem Supermarkt stammt. Meisterkoch Sander Johansson hat sie komponiert.

4 PORTIONEN

- 300 g frische Trompetenpfifferlinge oder 30 g getrocknete
- 1 Zwiebel, fein gehackt
- 2 EL Butter
- 2 TL Tomatenmark
- 3 EL Weizenmehl
- 1 l Wasser
- 2 Würfel Pilz- oder Gemüsebrühe
- 200 g Crème fraîche
- 2 EL trockener Sherry
- 1 Pr Salz
- 1 Pr Cayennepfeffer
- 1 Pr Pfeffer

Zum Anrichten:

- Crème fraîche
- Rote Zwiebeln, fein gehackt
- Frischer Thymian

Getrocknete Pilze einweichen. Das Wasser abgießen. Die Pilze grob hacken und zusammen mit der Zwiebel in Butter anbraten, bis die Flüssigkeit verkocht ist. Tomatenmark und Weizenmehl unterrühren. Das Wasser angießen und die Brühwürfel darin auflösen. Aufkochen lassen, Crème fraîche und Sherry hineinrühren. 10–15 Minuten kochen lassen, dann mit den Kräutern abschmecken.

Mit Crème fraîche, den feingehackten roten Zwiebeln und dem frischen Thymian anrichten.

Der Thymian kann auch durch Petersilie ersetzt werden. Statt der Trompetenpfifferlinge können Sie auch den Starkriechenden Trompetenpfifferling, den Fichten-Reizker oder eine Pilzmischung verwenden.

MARGARETAS SUPPE AUS FICHTEN-REIZKERN

Von meiner Schwägerin Margareta habe ich schon viele leckere Rezepte bekommen. Sie hatte riesige Mengen Fichten-Reizker im Gefrierschrank, die sie verbrauchen wollte. Dann fand sie ein Rezept dafür, das sie ein wenig abänderte. Mein Schwager Lasse schwärmt in den höchsten Tönen von dieser Suppe. Sie lässt sich gut als Vorspeise servieren.

2 PORTIONEN ODER 4 KLEINE PORTIONEN

- 200 g frische oder gefrorene Fichten-Reizker
- Butter zum Braten
- ½ EL Pilzmehl (siehe S. 17)
- 100 ml Wasser
- 100 ml Milch
- 50 g Schlagsahne
- 1 EL konzentrierter Gemüse- oder Hühnerfond oder eine starke Brühe
- 100 g geriebener würziger Hartkäse, z. B. Greyerzer
- 2–3 cm einer Stange Lauch in feinen Scheiben
- Salz, Pfeffer

Die Pilze in Butter braten, bis sie Farbe angenommen haben, ein paar schöne Stücke zum Garnieren aufheben. Den Rest in einen Topf geben, das Pilzmehl darüberstreuen und Wasser, Milch, Sahne und Fond angießen. Zugedeckt 10–15 Minuten kochen lassen.

Den Käse dazugeben und schmelzen lassen. Die Suppe pürieren, in vier kleine Schüsseln gießen (oder in zwei größere). Mit den gebratenen Pilzen und dem Lauch servieren.

MATSUTAKE-SUPPE MIT SPECK

Die Pilzsachverständige Monica Svensson hat dieses Rezept mit tatkräftiger Unterstützung ihres Enkels entwickelt. Matsutake-Pilze spielen dabei die Hauptrolle.

4 PORTIONEN ODER 8 KLEINE PORTIONEN

- 50 g getrocknete Matsutake-Pilze
- 2 Scheiben Frühstücksspeck
- 1 Topf Thaibasilikum oder Koriander
- 1 EL Butter
- 1 Knoblauchzehe, fein gehackt
- 600 ml Milch
- 300 g Sahne
- 150 g Crème fraîche
- 2 EL konzentrierter Kalbsfond
- 1 TL Dijonsenf
- Abgeriebene Schale und Saft von ⅓ Zitrone

Die getrockneten Pilze in lauwarmem Wasser ein paar Stunden einweichen lassen. Das Wasser sollte die Pilze bedecken; ggf. etwas mehr Wasser hinzufügen.

Den Frühstücksspeck in dünne Streifen schneiden, knusprig braten und das Fett auffangen. Basilikum- oder Korianderblätter abpflücken, die Stiele fein hacken.

Pilze zusammen mit dem Einweichwasser in einem Topf so lange kochen, bis die Flüssigkeit eingekocht ist. Butter hinzugeben und die Pilze ca. 10 Minuten bei schwacher Hitze anschwitzen. Zum Schluss den Knoblauch zugeben.

Milch, Sahne, Crème fraîche, Kalbsfond und Kräuterstiele hinzufügen und ca. 20 Minuten kochen lassen.

Senf, Zitronenschale und -saft, die Hälfte des Frühstücksspecks und das Fett vom Braten in den Topf geben. Die Suppe pürieren.

Diese Suppe wird immer besser, wenn sie eine Weile steht. Vor dem Servieren aufwärmen und den Rest des Frühstücksspecks, Basilikum oder Koriander grob gehackt darüberstreuen.

Die Matsutake-Pilze haben ein ganz besonderes, leicht blumiges Aroma. In dieser Suppe kommt das wunderbar zur Geltung. Wenn Sie keine Matsutake-Pilze bekommen, können Sie sie durch 300 g frische Shiitake-Pilze ersetzen. Diese müssen natürlich nicht eingeweicht werden. Shiitake in kleine Stücke schneiden, in der Butter anbraten und dann dem Rezept folgen.

VEGETARISCH

PILZFRIKADELLEN

Feine Pilzfrikadellen, die ganz unterschiedlich abgeschmeckt werden können.

4 PORTIONEN

- 300 g gefrorene Pilze oder 500 g frische in Stücken
- 500 ml Bouillon aus Brühwürfeln
- 2 EL gehackte Zwiebel
- Oliven- oder Rapsöl
- 10 g Pilzmehl (siehe S. 17)
- 30 g Paniermehl
- 2 EL Kartoffelmehl
- 50 g Sahne
- 1 Ei
- 1 TL Dijonsenf
- Helle Sesamkörner für die Panade
- Salz, Pfeffer

Die gefrorenen oder frischen Pilze in die kochende Bouillon geben und ca. 15 Minuten köcheln lassen.

Die Bouillon abgießen, am besten für Saucen oder Suppen aufheben. Sie lässt sich gut einfrieren.

Die Zwiebel in etwas Öl anbraten.

Die abgekühlten Pilze und die Zwiebeln in einer Küchenmaschine zerkleinern. Pilzmehl, Paniermehl, Kartoffelmehl, Sahne, Ei und Senf hinzufügen. Salzen und pfeffern. Alles vermischen und die Masse ca. 10 Minuten quellen lassen.

Ein wenig von der Masse anbraten, um zu sehen, ob sie gut zusammenhält und ob sie gut gewürzt ist. Wenn die Masse auseinanderfällt, etwas mehr Kartoffelmehl hinzufügen, ggf. nachwürzen. Kleine Frikadellen formen, in den Sesamkörnern wälzen und bei mittlerer Hitze in Öl ausbraten.

Mit einer Limetten- oder Zitronenspalte servieren.

Varianten:
1 gepresste Knoblauchzehe und einen halben Bund gehackte Petersilie. Saucenvorschlag: 1 gepresste Knoblauchzehe und 1 fein gehackte Chili in 2 EL Olivenöl bei schwacher Hitze schmoren, 100–200 ml stückige Tomaten zugeben, einkochen lassen. Salzen.

Nehmen Sie Rote Heringstäublinge und Brätlinge und schmecken Sie mit 2 EL gehacktem Dill und 1 EL Limettensaft ab, das verleiht der Masse ein leichtes Fischaroma. Mit einer Weißweinsauce mit oder ohne Pilze servieren, siehe S. 85.

RISOTTO

Als ich das erste Mal Risotto probiert habe – was in einem schon recht fortgeschrittenen Alter stattfand – fand ich, es war das Beste, was ich je gegessen hatte. Mit am Tisch saß der Meisterkoch Mathias Dahlgren, und alle sahen ihn erwartungsvoll an. „Ein wenig zu viel Trüffelöl", sagte er. Aha, dachte ich, Trüffelöl. Ging nach Hause und bereitete ein Risotto zu. Inzwischen mache ich es ganz oft ohne Trüffelöl, aber natürlich hebt es den Geschmack noch zusätzlich.

4 PORTIONEN

- 200–300 g frische Pilze
- 2–3 EL Rapsöl
- 1 Zwiebel oder 2 Schalotten, fein gehackt
- 350 g Arborio-Reis
- 200 ml Weißwein
- evtl. 1 EL Pilzmehl (siehe S. 17)
- 1 l Wasser
- 2 Würfel Hühner-, Pilz- oder Gemüsebrühe
- 80 g Parmesan, gerieben
- Salz, Pfeffer

Pilze in Stücke schneiden. Das Öl in einem Topf erhitzen und die Pilze mit den Zwiebeln darin braten, bis die Zwiebeln glasig sind.

Den Reis zugeben und kurz mitdünsten. Wein aufgießen und ggf. Pilzmehl hinzufügen. In einem anderen Topf das Wasser zum Kochen bringen, die Brühwürfel hinzugeben. Unter ständigem Rühren bei schwacher Hitze nach und nach die Brühe zum Reis gießen, bis der Reis gar ist, das dauert ca. 20–30 Minuten.

Parmesan unterrühren und mit Salz und Pfeffer abschmecken. Servieren.

Risotto passt zu ganz vielen Gerichten: Fleisch, Geflügel, Fisch, Gemüse oder einfach einem sättigenden Salat. Oft nehme ich Pilzmehl oder zerbröselte getrocknete Pilze, die ich nach dem Wein unterrühre. Es kann sein, dass diese Flüssigkeit aufsaugen und man daher etwas mehr Brühe benötigt.

Möchte man noch intensiveren Pilzgeschmack erhalten, schmeckt man am besten mit einem Schuss Trüffelöl ab.

PANIERTER GEMEINER RIESENSCHIRMLING

Manchmal findet man richtig viele Gemeine Riesenschirmlinge. Sie müssen unbedingt einmal panierte Riesenschirmlinge servieren und Ihre Gäste raten lassen, was sie da gerade essen. Nicht ganz ausgeschlossen, dass sie gar nicht auf Pilze kommen.

4 PORTIONEN

- 4 große oder eine entsprechende Menge kleinerer Hüte des Gemeinen Riesenschirmlings
- 50 ml Zitronensaft
- 2 Eier
- 2 EL Wasser
- 180 g Paniermehl
- 1 TL Salz
- 1 Pr Pfeffer
- ca. 120 g Weizenmehl
- 200 ml Rapsöl

Zum Servieren:

- Zitronenspalten
- Kapern

Platte Hüte können ganz bleiben, bei gewölbten ist es besser, sie zu halbieren oder zu vierteln, damit man sie besser braten kann. Die Hüte mit Zitronensaft bepinseln. Eier und Wasser in einem breiten, tiefen Teller verquirlen. Paniermehl mit Salz und Pfeffer vermischen.

Die Hüte erst im Weizenmehl, dann im Ei und zuletzt im Paniermehl wenden. Die Pilze in reichlich Öl in einer Bratpfanne goldgelb braten.

Frisch gebraten mit Zitronenspalten und Kapern servieren. Kartoffelpüree und ein Salat passen gut dazu.

Sie können auch die Hüte doppelt legen, mit einer Käsescheibe dazwischen, oder mit einer Käsescheibe und einer Scheibe geräuchertem Schinken. Mit einem Zahnstocher halten die Pilzhüte beim Braten zusammen.

Statt mit Zitronensaft kann man die Pilzhüte auch mit Milch bepinseln.

STEINPILZ-CARBONARA

Pasta Carbonara in allen Ehren, aber warum nicht mal eine vegetarische Variante probieren?

4 PORTIONEN

- 300 g Pasta
- 300 g frische Gemeine Steinpilze oder andere Steinpilze, in Scheiben
- 1–2 EL Raps- oder Olivenöl zum Braten
- ½ Zwiebel, fein gehackt
- 4 Eigelb
- 50 ml Wasser oder Sahne
- Salz, schwarzer Pfeffer

Zum Servieren:

- 120 g Parmesan, gerieben
- Salat

Die Pasta kochen.

Die Pilze in Öl anschwitzen, die Zwiebeln hinzugeben und braten, bis die Pilze Farbe bekommen haben und die Zwiebeln weich sind.

Die Eigelbe mit Wasser oder Sahne verrühren. Über die abgetropfte Pasta gießen, umrühren. Mit Salz und Pfeffer abschmecken. Mit geriebenem Parmesan oder einem anderen Käse und einem Salat servieren.

Wenn man nur wenige Steinpilze hat, kann man sie auch mit anderen Röhrlingen, Fichten-Reizkern oder gemischten Pilzen vermischen. Probieren Sie auch Trompetenpfifferlinge, die Sie zusammen mit einer Scheibe Bauchfleisch braten (aber natürlich ist das Gericht dann nicht mehr vegetarisch).

QUINOA- UND PILZSALAT

Meine Großmutter kochte immer Saubohnen mit Kartoffeln. Ich erinnere mich, wie spannend ich es fand, die großen pelzigen Schoten zu öffnen und die Bohnen herauszupulen. Dies ist ist ein richtiger Erntesalat, noch dazu vegetarisch und glutenfrei.

4 PORTIONEN

- 300 g frische gemischte Pilze
- 4 EL Essig
- 4 EL Öl
- 4 EL Wasser
- 1 TL Salz
- 1 Pr grober schwarzer Pfeffer
- 100 g gekochte Saubohnen oder 100 g gefrorene Sojabohnen
- 3 mittelgroße Möhren
- 100 g Zuckerschoten
- ½ rote Zwiebel, gehackt oder in feinen Scheiben
- 350 g Quinoa
- 800 ml Wasser oder Gemüsebrühe

Sauce:

- 200 g Joghurt
- 2 EL gehackte frische Kräuter
- Salz
- evtl. 1 Knoblauchzehe
- 2 TL Olivenöl zum Servieren

Die Pilze in große Stücke schneiden, kleine Pilze dürfen ganz bleiben. Reichlich Salzwasser zum Kochen bringen. Die Pilze hineingeben und 10–15 Minuten kochen.

Das Wasser abgießen. Essig, Öl, Wasser, Salz sowie schwarzen Pfeffer verrühren und alles aufkochen. Die Pilze hineingeben und langsam 10 Minuten köcheln lassen.

Die Saubohnen enthülsen, in kochendes Wasser geben. Wenn sie an die Oberfläche kommen, sind sie gar. Das Wasser abgießen und die dicke zähe Hülle abschälen. Die Möhren schälen und in große Stücke schneiden. In kochendem Salzwasser bissfest kochen. In den letzten paar Minuten die Zuckerschoten mitkochen.

Die Zutaten für die Sauce bis auf das Öl vermischen.

Quinoa in Wasser oder Gemüsebrühe nach Anleitung auf der Verpackung kochen. Die heiße Pilzmischung unter das Quinoa heben und gut verrühren. Das Gemüse hinzufügen und umrühren. Den Salat warm, lauwarm oder kalt zusammen mit der Sauce servieren. Vor dem Servieren das Öl über die Sauce träufeln.

Nach Geschmack kann man das Quinoa gegen Couscous austauschen, aber dann ist das Gericht nicht mehr glutenfrei.

WURZELGEMÜSEGRATIN MIT REIFPILZEN

Wurzelgemüse und Pilze passen hervorragend zusammen. Das Gratin entweder als Hauptgericht oder als Beilage zu Fleisch oder würzigen Würsten servieren.

4–6 PORTIONEN

- 400 g Reifpilze oder andere Pilze, in dünnen Scheiben
- Butter oder Öl zum Braten
- 3 Zwiebeln, in dünnen Scheiben
- 200 g Steckrüben
- 200 g Möhren
- 100 g Pastinaken
- 100 g Knollensellerie
- 200 g Kohlrabi
- 300 g Sahne
- 100 ml Pilz- oder Gemüsebrühe
- 1 ½ TL Salz
- 1 Pr Pfeffer
- 1 EL gehackter frischer Thymian oder 1 TL getrockneter
- 100 g Käse, gerieben

Die Pilze in Butter oder Öl braten, bis die Flüssigkeit eingekocht ist und die Pilze ein wenig Farbe bekommen haben. Dann die Zwiebeln mit den Pilzen braten.

Das Wurzelgemüse in dünne Scheiben schneiden. Sahne und Brühe in einem beschichteten Topf verrühren. Aufkochen, das Wurzelgemüse hineingeben und zugedeckt knapp gar kochen, dann Salz und Pfeffer hinzufügen. Ggf. etwas mehr Wasser hinzufügen, wenn das Ganze zu trocken wird. Das Wurzelgemüse abtropfen lassen, die Sahnebouillon aufheben.

Gemüse, Pilze, Zwiebeln und Kräuter in eine gefettete feuerfeste Form schichten. Die Sahnebouillon darübergießen und mit Käse bestreuen.

Bei 200 °C ca. 30 Minuten backen, bis das Gemüse ganz weich ist. Die Temperatur auf 175 °C senken, falls das Gratin zu schnell bräunt.

Genauso lecker wird das Gratin mit anderen Pilzen, z. B. Trompetenpfifferlingen, Zuchtchampignons oder einer Pilzmischung.

Ersetzen Sie die Sahne und die Brühe gegen 100 ml Öl und 300 ml Brühe (dann etwas weniger Salz nehmen). Lassen Sie den Käse weg und ersetzen Sie auch die Butter durch Öl, dann kann das Gratin auch Veganern serviert werden.

TEIGTASCHEN MIT PILZEN

40 STÜCK

Teig:
- 20 g Hefe
- 250 ml lauwarmes Wasser
- 500 g Weizenmehl

Füllung:
- 300 g frische oder gefrorene Pilze
- 300 g frischer Weißkohl, fein gerieben
- Öl zum Braten
- 1 Knoblauchzehe, fein gehackt
- 2 cm frischer Ingwer, gerieben
- 3 EL japanische Sojasauce
- 2 EL konzentrierte Gemüse- oder Hühnerbrühe
- ½ EL Limettensaft oder Essig
- ½ TL Rohrzucker
- ca. 1 cm rote Chili, in Streifen, oder ½ TL Sambal Oelek
- 1 TL gehackter frischer Koriander
- 1 ½–2 EL Sesamöl

Die Hefe in Wasser auflösen. Das Mehl nach und nach unterrühren. Zu einem festen Teig verkneten und anschließend zugedeckt ca. 30 Minuten gehen lassen.

Die Pilze fein hacken und in Öl braten, bis sämtliche Flüssigkeit eingekocht ist. Den Weißkohl in etwas Öl anschwitzen, bis er etwas zusammengefallen ist. Pilze, Knoblauch, Ingwer, Soja, Brühe, Limette, Rohrzucker und Chili dazugeben. Weiter kochen, bis der Weißkohl weich ist und ein Großteil der Flüssigkeit eingekocht ist.

Den Teig ausrollen und in 40 Stücke teilen. Aus jedem Stück eine kleine Kugel formen. Zu runden Platten ausrollen, ca. 10 cm im Durchmesser, und auf jede 1 EL von der Füllung geben. Die Teigkanten mit etwas Wasser anfeuchten und fest zu einem Bündel zusammendrücken. Im Dampfgarer oder über einem heißen Wasserbad ca. 15 Minuten garen. Achten Sie darauf, dass die Beutel sich nicht berühren, sonst kleben sie zusammen.

Mit Sojasauce servieren.

Wenn man einen Backofen mit Dampfgarer hat, kann man die Teigtaschen darin garen. Man kann sie auch in Wasser kochen, was aber anders schmeckt. Die Teigtaschen können auch in Öl rundum angebraten werden, damit sie etwas Farbe bekommen. Dann etwas Wasser angießen, einen Deckel auflegen und ca. 5 Minuten garen.

Ersetzen Sie einen Teil oder alle Pilze gegen Austern-Seitlinge und Shiitake-Pilze. Die Shiitake-Pilze haben ein starkes Aroma, davon benötigen Sie nicht so viele. Wenn Sie den Teig nicht selbst herstellen möchten, kaufen Sie Wantan-Platten im Asia-Supermarkt.

PASTA MIT STARKRIECHENDEN TROMPETENPFIFFERLINGEN, PFIFFERLINGEN UND BIRKENPILZEN

Ein einfaches und leckeres Pastagericht, das sich schnell zubereiten lässt.

4 PORTIONEN

- 300 g Pasta
- 400 g frische Starkriechende Trompetenpfifferlinge, Pfifferlinge und Birkenpilze
- 8–10 Cocktailtomaten
- 50 ml Oliven- oder Rapsöl
- 1–2 Knoblauchzehen in dünnen Scheiben
- 1–2 cm rote Chili, in feinen Streifen
- Thymian und Petersilie, gehackt
- Salz, grober schwarzer Pfeffer

Die Pasta nach Packungsanweisung kochen.

Die Pilze in große Stücke zerteilen. Die Tomaten halbieren. Das Olivenöl erhitzen, die Tomaten hineingeben und bei starker Hitze ein paar Minuten braten. Dann die Hitze reduzieren und die Pilze mitbraten, bis sie Farbe angenommen haben. Knoblauch und Chili hinzufügen, noch ein paar Minuten braten. Mit Salz und reichlich Pfeffer abschmecken, Thymian und Petersilie darüberstreuen.

Die Pilzmischung mit den heißen Nudeln, eventuell etwas geriebenem Parmesan und einem Salat servieren.

Ketchup passt gut dazu. Statt frischen Tomaten kann man stückige Tomaten abtropfen lassen und ca. 100 ml der abgetropften Tomaten in Öl braten. Man kann dazu auch pro Person 1 Ei braten.

BLINIS MIT BRÄTLINGEN UND DILL

4 PORTIONEN

Blinis:

- 2 Eier
- 25 g Hefe
- 500 ml Milch
- 120 g Buchweizenmehl
- 120 g Weizenmehl
- 1 TL Salz
- 50 g Butter + zusätzlich zum Braten

Brätlinge mit Dill:

- 200 g frische Rote Heringstäublinge und 1 Brätling
- 2 EL Butter
- 1 rote Zwiebel, fein gehackt
- 200 g Crème fraîche
- 1 Bund Dill, gehackt
- Salz, Pfeffer

Zum Servieren:

- 1 rote Zwiebel in dünnen Ringen
- Dill
- Zitronenscheiben

Eier trennen. Die Hefe in handwarme Milch einrühren. Nach und nach Buchweizen- und Weizenmehl unterrühren, bis die Masse einen glatten Teig ergibt. Salz und Eigelbe hinzufügen. Den Teig 1 Stunde bei Zimmertemperatur zugedeckt stehen lassen.

Butter schmelzen und abkühlen lassen. Eiweiße steif schlagen. Vorsichtig die Butter und den Eischnee unter den Teig heben.

Die Blinis in einer flachen Pfannkuchenpfanne bei mittlerer Hitze von beiden Seiten backen, ggf. etwas Butter verwenden. Oder den Teig in Häufchen für drei bis vier Blinis in einer Pfanne verteilen und ausbacken.

Die Pilze in kleine Würfel schneiden. In einem Topf im eigenen Sud kochen, bis sämtliche Flüssigkeit eingekocht ist. Butter zugeben und die Pilze zusammen mit der Hälfte der roten Zwiebel braten. Crème fraîche hinzufügen und unter Rühren einkochen. Dill und den Rest der Zwiebel einrühren, mit Salz und Pfeffer abschmecken.

Blinis mit roten Zwiebeln, Dill und Zitronenscheiben servieren.

Die Roten Heringstäublinge können gegen andere Täublinge oder Raufußröhrlinge ersetzt werden. Auch der Milchling-Salat von S. 117 passt gut zu den Blinis.

Buchweizenmehl ist glutenfrei. Wenn Sie auch das Weizenmehl durch eine glutenfreie Mehlmischung ersetzen, sind Ihre Blinis ganz ohne Gluten.

PILZPFANNE

Früher verwendete man oft Schaf-Porlinge und Stachelpilze als Fleischersatz. Man panierte die Pilze und aß sie wie Fleisch. Oder man bereitete eine Bratkartoffel-Pilzpfanne zu.

4 PORTIONEN

- 4–5 (400 g) mittelgroße Kartoffeln
- 700–800 g frische Semmel-Stoppelpilze oder Schaf-Porlinge
- 2 Zwiebeln, gehackt
- 3 EL Butter
- ½ Bund gehackte Petersilie
- Salz, schwarzer Pfeffer

Zum Servieren:
- 4 Spiegeleier
- Eingelegte Rote Bete

Die Kartoffeln schälen und in Würfel schneiden. In kochendes Salzwasser geben und einige Minuten kochen, sie sollten immer noch fest sein. Das Wasser abgießen.

Die Pilze in Würfel schneiden und zusammen mit den Zwiebeln in der Hälfte der Butter braten, bis sie Farbe angenommen haben.

Die Kartoffeln separat in der restlichen Butter braten, bis sie weich sind und Farbe bekommen haben. Pilze und Zwiebeln zu den Kartoffeln geben und umrühren, zusammen heiß werden lassen. Mit Salz und Pfeffer abschmecken. Petersilie darüberstreuen.

Mit den Spiegeleiern und der Roten Bete servieren.

Fleisch- oder Wurstreste kann man natürlich ebenfalls in Würfeln in die Pfanne geben. Verringern Sie dann die Pilze um die entsprechende Menge.

FOCACCIA MIT STEINPILZEN

Sie können dieses Rezept natürlich auch mit anderen Steinpilzarten probieren. Die Pilze dürfen nicht zu dünn sein, sonst verbrennen sie zu schnell.

- 2–3 frische mittelgroße Steinpilze
- Olivenöl
- 2–3 Knoblauchzehen in dünnen Scheiben
- Frische Kräuter, z B. Salbei, Rosmarin, Thymian
- 2 EL Olivenöl
- Grobes Salz, Pfeffer

- 25 g Hefe
- 300 ml Wasser
- 1 TL Salz
- 1 TL Honig (kann weggelassen werden)
- 2 EL Olivenöl
- 420 g Weizenmehl
-

Glutenfreier Teig:

- 25 g Hefe
- 1 TL Honig, 50 ml lauwarmes Wasser
- 450 g glutenfreie helle Mehlmischung
- 30 g Milchpulver
- ½ EL Flohsamenschalen
- 1 TL Salz
- 1 TL Natron
- 500 g Joghurt
- 2 EL Olivenöl
- 1 Ei

Pilze in 5 mm dicke Scheiben schneiden. In Öl braten, bis die Flüssigkeit vollständig eingekocht ist und die Pilze Farbe angenommen haben. Während der letzten Minuten den Knoblauch mitbraten. Salzen und pfeffern, abkühlen lassen.

Die Hefe in Wasser einrühren. Salz, ggf. Honig und Olivenöl hinzufügen. Das Mehl nach und nach hinzugeben und den Teig mindestens 5 Minuten mit der Küchenmaschine kneten. Der Teig muss locker sein. Zugedeckt 40 Minuten gehen lassen.

Ein Backblech einfetten oder mit Backpapier auslegen. Den Teig darauf mit bemehlten Händen ausbreiten. 30 Minuten zugedeckt gehen lassen.

Den Ofen auf 250 °C vorheizen. Pilze, Knoblauch und Kräuter auf dem Teig verteilen und etwas festdrücken. Olivenöl darüberträufeln und grobes Salz darüberstreuen. Das Brot in den Ofen geben und die Temperatur sofort auf 200 °C reduzieren. 25–30 Minuten backen.

Glutenfreier Teig:

Hefe und Honig in Wasser einrühren. Alle trockenen Zutaten vermischen. Den Joghurt handwarm erhitzen, das Öl und das Ei dazugeben. Die gesamte Flüssigkeit zur Mehlmischung geben und den Teig mindestens 5 Minuten mit der Küchenmaschine kneten. Den Teig auf einem kleinen gefetteten Backblech ausbreiten. Danach wie oben fortfahren. Ca. 20 Minuten bei 225 °C backen.

QUESADILLAS MIT PILZEN

Quesadillas können als Zwischenmahlzeit oder unterwegs als Snack serviert werden.

4 STÜCK

- 300 g frische oder gefrorene Pilze
- Öl zum Braten
- 1 kalte gekochte Kartoffel, geschält
- 2 Knoblauchzehen, in Scheiben
- 2 rote Zwiebeln, gehackt
- 200 g Käse, gerieben
- 1 TL Limetten- oder Zitronensaft
- 2 TL gehackte Petersilie
- 1 EL Öl
- 8 kleine Tortillas
- 1 Ei
- Salz, Pfeffer

Frische Pilze braten, bis die Flüssigkeit eingekocht ist. Die frischen oder gefrorenen Pilze in Öl schmoren, bis sie etwas Farbe angenommen haben, dann salzen. Die Kartoffel stampfen und mit Zwiebeln, Käse, Limettensaft, Petersilie und Pilzen vermischen, salzen und pfeffern.

Die Tortillas auf einer Seite mit dem verquirlten Ei bepinseln. Die Kartoffelmischung auf 4 Tortillas verteilen und die restlichen Tortillas als Deckel darauflegen, die bepinselten Seiten in Richtung Füllung. Entlang der Kanten zusammendrücken. Von beiden Seiten in einer Pfanne ohne Zugabe von Fett braten. Die Fladen sollten durch und durch heiß sein, damit der Käse schmilzt.

Kalt oder heiß servieren, ganz oder in kleineren Stücken.

OFENOMELETT MIT PILZEN

Als ich noch klein war und Weihnachten bei den Großeltern feierte, bereitete Großvater immer extra für mich ein Pilzomelett mit Pfifferlingen zu. Meine Schwiegermutter, Pelles Mutter, servierte auch immer ein Pilzomelett zu Weihnachten. Inzwischen haben wir dieses Ofenomelett in unser Weihnachtsrepertoire aufgenommen. Meist kaufen wir ein paar frische Champignons und mischen sie mit unseren getrockneten Pilzen.

4 PORTIONEN

Pilzrahm:

- 300–400 g frische oder vorgekochte Pilze oder 30 g getrocknete
- 2 EL Butter
- 2 EL Weizenmehl
- 150 ml Wasser
- 150 g Sahne
- Salz, Pfeffer

Ofenomelett:

- 400 ml Milch
- 6 Eier
- 1 TL Salz

Getrocknete Pilze einweichen. Frische oder vorgekochte Pilze in einem Topf im eigenen Sud kochen, bis die Flüssigkeit fast ganz eingekocht ist. Butter zugeben und die Pilze braten. Unter Rühren Mehl darüberstreuen, zunächst mit Wasser, dann mit Sahne angießen. Mindestens 15 Minuten köcheln lassen. Mit Salz und Pfeffer abschmecken.

Milch für das Omelett erhitzen und abkühlen lassen. Milch, Eier und Salz verrühren, in eine gefettete feuerfeste Form gießen. Auf mittlerer Schiene bei 200 °C ca. 20 Minuten backen, bis das Omelett gestockt ist. Dann den Pilzrahm darübergeben.

Mit Salat und Brot als Hauptmahlzeit oder auf einem Buffet servieren.

Pilzrahm kann man sehr vielfältig verwenden. Man kann ihn zum Omelett servieren. Man kann ihn in Brote füllen und überbacken oder ihn in Förmchen oder Quicheformen füllen, als Beilage zu Fleisch oder Fisch servieren oder mit Bratensaft zu einer Sauce verdünnen. Genau wie Pelles Pilzsuppe kann der Pilzrahm mit etwas Wein oder Cognac verfeinert werden. Die Sahne lässt sich nach Geschmack auch durch Crème fraîche ersetzen.

PILZSANDWICH MIT EI

Sand-Röhrlinge sind frisch nicht besonders gut, aber getrocknet sind sie richtig lecker.

4 PORTIONEN

Pilzrahm:

- 15 g getrocknete Sand-Röhrlinge oder 300 g andere frische Pilze
- 2 EL Butter
- 100 ml Einweichwasser
- 3 EL Weizenmehl
- 150 ml Milch
- 150 g Sahne
- Evtl. Rosmarin
- Salz, Pfeffer

- 4 hartgekochte Eier
- 8 Scheiben Brot
- 100 g würziger Hartkäse, z. B. Greyerzer, gerieben

Die getrockneten Sand-Röhrlinge zerbröseln und ca. 20 Minuten in lauwarmem Wasser einweichen. Dann das Einweichwasser abgießen, aber aufbewahren.

Butter schmelzen und die Sand-Röhrlinge bei schwacher Hitze anschwitzen; mit etwas Einweichwasser angießen, falls sie zu trocken werden. 100 ml Einweichwasser zugeben und ein paar Minuten lang kochen. Das Mehl in etwas Milch auflösen. Den Rest der Milch und die Sahne zu den Pilzen gießen und aufkochen lassen. Mit der Mehl-Milch-Mischung binden, dann mit Salz und Pfeffer und ggf. etwas Rosmarin abschmecken.

Die Eier pellen und in Scheiben schneiden. Auf 4 Brotscheiben verteilen. Dann die anderen Brotscheiben darauflegen und leicht andrücken. Den Pilzrahm darübergeben und mit dem geriebenen Käse bestreuen. Im Ofen bei 225 °C 5–10 Minuten backen, bis der Käse Farbe bekommen hat.
Mit einem Salat serviert, wird daraus eine volle Mahlzeit.

Diesen Pilzrahm kann man im Grunde mit jedem Pilz machen: Pilzmischungen, Champignons, Fichten-Reizkern, Trompetenpfifferlingen, Pfifferlingen oder Steinpilzen. Nehmen Sie einfach die Pilze, die Sie vorrätig haben, oder kaufen Sie sie frisch oder aus der Dose im Supermarkt.

Als Vorspeise kann man viele kleine Sandwiches zubereiten, indem man sie z. B. rund aussticht oder in kleine Vierecke schneidet (dann die Ränder abschneiden).

OMELETT MIT ENOKI UND GEMÜSE

Das ist wirklich Fast Food! Als schnelles Gericht zwischendurch oder wenn ein hungriger Gast auftaucht und man nicht viel im Haus hat. Oder wenn plötzlich ein Vegetarier mit am Tisch sitzt.

1 PORTION

- 25 g frische Geschmeidige Samtfußrüblinge, Enoki oder andere Pilze
- 1 Schuss Sesamöl (kann weggelassen werden)
- 1 TL Rapsöl
- 1 Pr Garam Masala oder Curry
- ½ Möhre in Scheiben
- 2 cm Lauch in Scheiben
- 2–3 Streifen rote Paprika
- 4–5 Blätter Gänsefuß (kann weggelassen werden)
- ½ EL gehackter frischer Koriander
- 1 Pr Salz
- 2 Eier
- Schwarzer Pfeffer

Die Pilze in einer Pfanne ohne Zugabe von Fett braten, bis sämtliche Flüssigkeit eingekocht ist. Öl und Garam Masala, dann die Möhre, den Lauch und die Paprika dazugeben, braten, bis das Gemüse beginnt weich zu werden. Gänsefuß, Koriander und Salz hinzufügen. Eier verquirlen und über die Pilze und das Gemüse gießen. Das Omelett bei schwacher Hitze braten; wenn es auf der Oberseite zu stocken beginnt, wenden und noch ein paar Minuten braten. Dann servieren.

Enoki können Sie in Asia-Supermärkten kaufen. Sie sehen aus wie Spaghetti mit einem kleinen Knopf. Der wild wachsende Gemeine Samtfußrübling ist der gleiche Pilz. Man kann natürlich auch andere Pilze nehmen, z. B. Trompetenpfifferlinge. Getrocknete Pilze gehen auch, aber die müssen Sie zuerst einweichen.

Man kann die meisten Gemüsesorten für das Omelett verwenden, z. B. normale Zwiebeln statt Lauch. Gänsefuß ist ein Unkraut, das in unserem Garten wächst, Sie können es auch durch Mangold oder Spinat ersetzen.

Auch nur mit Pilzen und Ei wird es lecker, man kann dann mehr Pilze verwenden.

PILZQUICHE MIT MOZZARELLA UND MANGOLD

Mangold und Pilze sind eine tolle Kombination. Hier in einer Quiche mit Crème fraîche, Mozzarella und Tomaten.

4 PORTIONEN

Quicheteig:
- 300 g Weizenmehl
- 200 g Butter
- ½ TL Salz
- 50 ml Wasser
- 1 kleines Ei
- ½ TL weißen Essig (12 % Säure)

Füllung:
- 200–300 g frische Pilze in Stücken
- Butter oder Öl zum Braten
- 1 Zwiebel (rot oder gelb), gehackt
- 300 g frischer Mangold oder Spinat
- 200 g Crème fraîche
- 3 Eier
- 1 Kugel Mozzarella (125 g)
- 7–8 Cocktailtomaten, halbiert
- Salz, Pfeffer

Mehl, Butter und Salz vermischen, in die Masse eine Vertiefung drücken. Wasser, Ei und Essig vermischen und in die Vertiefung gießen. Schnell verkneten und für mindestens 30 Minuten kalt stellen. Währenddessen die Füllung zubereiten.

Pilze anbraten, bis die Flüssigkeit eingekocht ist, dann Butter oder Öl zugeben. Die Pilze etwas Farbe annehmen lassen, dann die Zwiebeln zugeben und leicht glasig werden lassen.

Mangold grob hacken und eine Weile mitschmoren. Dann von der Platte nehmen. Crème fraîche und Eier verrühren und mit Pilzen und Mangold vermischen. Mit Salz und Pfeffer abschmecken.

Den Quicheteig ausrollen und eine Form damit auslegen. Den Boden mit einer Gabel mehrmals einstechen und 10 Minuten bei 225 °C vorbacken. Dann die Temperatur auf 200 °C reduzieren. Die Füllung auf den Boden gießen, mit Mozzarellascheiben und Tomatenhälften bedecken. Auf der untersten Schiene im Ofen ca. 30 Minuten backen.

Gemischte Pilze, Röhrlinge, Täublinge, Pfifferlinge, Trompetenpfifferlinge – bei diesem Rezept passen alle Pilze gleichermaßen gut.

GEMÜSEQUICHE MIT PILZEN

Pilzquiches eignen sich prima für Buffets. Sie passen sowohl zu Fisch als auch zu Fleisch. Wer's lieber vegetarisch mag, isst einfach einen Salat dazu.

4 PORTIONEN

Quicheteig:

- 300 g Weizenmehl
- 200 g Butter
- ½ TL Salz
- 50 ml Wasser
- 1 kleines Ei
- ½ TL weißer Essig (12 % Säure)

Füllung:

- 300 g frische Pilze in Stücken
- 1 Zwiebel, fein gehackt
- 2 Stangen Lauch in Scheiben
- 1 große Möhre, grob geraspelt
- Butter oder Öl zum Braten
- 200 g Crème fraîche
- 2 Eier
- Salz, Pfeffer

Mehl, Butter und Salz vermischen, in die Masse eine Vertiefung drücken. Wasser, Ei und Essig vermischen und in die Vertiefung gießen. Schnell verkneten und für mindestens 30 Minuten kalt stellen. Währenddessen die Füllung zubereiten.

Pilze, Zwiebeln, Lauch und Möhre in Butter anbraten. Pfanne von der Platte nehmen. Crème fraîche und Eier verrühren und dann mit den Pilzen und dem Gemüse vermischen.

Den Quicheteig ausrollen und eine Form damit auslegen. Den Boden mit einer Gabel mehrmals einstechen und 10 Minuten bei 225 °C vorbacken. Die Füllung auf den Boden gießen und bei 200 °C ca. 30 Minuten backen.

Für das Rezept eignen sich die meisten Pilzsorten, am besten nehmen Sie eine Pilzmischung. Für diese Quiche habe ich Semmel-Stoppelpilze genommen und sie mit einer Prise Curry bestreut, während ich sie anbriet.

Auch für Veganer habe ich diese Quiche schon zubereitet. Da tauscht man die Butter im Teig gegen pflanzliche Margarine aus. Crème fraîche ersetzt man durch ein Sojaprodukt, das man mit 2 TL Saucenbinder verrührt, damit die Füllung fest wird.

POT PIE

4 PORTIONEN

- 200–300 g frische Pilze
- Öl zum Braten
- 1 kleine Zwiebel, fein gehackt
- 100 g Steckrüben, gewürfelt
- 100 g Pastinaken, gewürfelt
- 100 g Kartoffeln, gewürfelt
- 100 g Süßkartoffeln, gewürfelt
- 50 g Knollensellerie, gewürfelt
- 100 ml Wasser
- 1 TL konzentrierter Gemüse- oder Hühnerfond
- 1 TL Salz
- 1 Pr schwarzer Pfeffer
- 2 EL Sahne
- 40–80 g Erbsen oder klein geschnittene Zuckererbsen

- 2 Platten Blätterteig, tiefgefroren
- 1 verquirltes Ei zum Bepinseln

Pilze in kleine Würfel schneiden. In eine Pfanne geben und die Flüssigkeit verkochen lassen. Öl zugeben und die Pilze braten, bis sie schön gebräunt sind. Die Zwiebeln dazugeben und bei schwacher Hitze mit den Pilzen weich dünsten. Zur Seite stellen.

Das gewürfelte Wurzelgemüse in Öl anschwitzen. Dann zusammen mit den Pilzen in einen Topf geben, Wasser und Fond angießen sowie salzen und pfeffern. Zugedeckt knapp bissfest kochen. Sahne hinzufügen und Wurzelgemüse und Sahne ohne Deckel einkochen lassen, mit Salz und Pfeffer abschmecken. Erbsen dazugeben und den Topf von der Platte nehmen.

Vier kleine feuerfeste Formen (ca. 200 ml Inhalt) mit der Pilz-Gemüse-Mischung befüllen. Den Ofen auf 225 °C vorheizen.

Den Blätterteig ausrollen und Kreise ausstechen, die jeweils etwas größer sind als die Öffnungen der Formen. Als Deckel auf die Formen legen und mit Ei bepinseln. Backen, bis der Blätterteig aufgegangen ist und eine schöne goldbraune Farbe bekommen hat.

Mit Resten von bereits gegartem Hähnchen ist das ein leckeres Gericht. Man braucht nicht viel, um eine ganz neue Mahlzeit zu kreieren. Sollen die Quiches als Vorspeise serviert werden, kann man kleinere Formen nehmen, die nur etwa 100 ml Inhalt haben. Dann reicht das Rezept für 8 Personen.

Wenn man keine Süßkartoffeln hat, kann man einfach die Mengen der anderen Wurzelgemüsesorten erhöhen. Nehmen Sie aber nicht mehr Sellerie, der schmeckt so intensiv, dass er sonst die anderen Gemüsesorten überdeckt.

EVA LOODHS PFIRSICHHUHN

Eva Loodh ist eine der eifrigsten Pilzsachverständigen Schwedens. Sie hat uns ihr Rezept für diesen milden, aber schmackhaften Hühncheneintopf gegeben. Auf unserem Grundstück steht ein Pfirsichbaum. Die Pfirsiche werden alle gleichzeitig reif, und das mitten in der Pilzsaison, da bietet es sich an, sie beim Kochen mit Pilzen direkt mit zu verarbeiten.

4 PORTIONEN

- 300 g frische Pilze, am besten Röhrlinge
- Butter und Öl zum Braten

Panade:
- 30 g Saucenbinder
- 1 TL Pilzmehl (siehe S. 17)
- 1 Pr weißer Pfeffer
- 1 Pr Cayennepfeffer
- 1 Pr Piment
- 1 Pr schwarzer Pfeffer
- 1 Pr Curry
- 1 TL Salz

- 600 g Hühnerfilet in Streifen
- 2 Knoblauchzehen, gepresst
- 5 Pfirsiche
- 200 ml Wasser
- 200 ml Milch
- 200 g Sahne zum Kochen
- 2–3 Brühwürfel Hühnerbouillon

Pilze in Butter und Öl braten, bis sie ein wenig Farbe angenommen haben. Zur Seite stellen.

Alle Zutaten für die Panade in einer großen Plastiktüte vermischen, die Hühnerfiletstreifen dazugeben und alles kräftig schütteln, bis das Fleisch gleichmäßig mit der Panade bedeckt ist. Dann das Hühnchen von allen Seiten in Öl und Butter goldbraun braten. Hühnchen und Pilze in eine Pfanne geben. Knoblauch zugeben.

Von den Pfirsichen mit einem Messer die Schale abziehen und die Pfirsiche in Spalten schneiden. In den Topf geben. Wasser darübergießen, 10 Minuten kochen lassen, dann Milch und Sahne hinzufügen. Kochen, bis das Hühnchen gar ist und die Sauce eine cremige Konsistenz hat. Mit Reis oder Kartoffeln und einem Salat servieren.

Getrocknete, gefrorene oder Zuchtpilze funktionieren hier natürlich genauso gut. Sehen Sie auch im Kapitel „Pilze zubereiten“ nach.

HÜHNCHEN MIT SPITZMORCHELN

Spitzmorcheln müssen nicht abgekocht werden. In Schweden und Finnland gibt es immer wieder Leute, die Giftlorcheln nach zweimaligem Abkochen essen. Wir raten jedoch davon ab, Giftlorcheln überhaupt zu essen.

4 PORTIONEN

- 4 frische Spitzmorcheln
- Öl zum Braten
- 4 Hühnerfilets
- 30 g Kartoffelmehl

Sauce:

- 100 ml japanische Sojasauce
- 100 ml Wasser oder Hühnerbrühe
- 1 EL Mirin oder 1 TL Zucker
- 1 TL Essig
- ca. 2 cm rote Chili, in dünnen Scheiben
- 1–2 Knoblauchzehen
- 2 cm frischer Ingwer, gerieben

Die Spitzmorcheln in Scheiben schneiden und in Öl anbraten. Zur Seite stellen.

Die Zutaten für die Sauce in einem Topf vermischen, in den die Hühnerfilets passen.

Das Fleisch in kleinere Stücke schneiden, in Kartoffelmehl wälzen und in Öl anbraten. Sie sollen nicht braun werden. Fleisch und Pilze in die Sauce geben und mitkochen, bis das Huhn gar ist. Mit Reis und Gemüse aus dem Wok servieren.

Totentrompete, Trompetenpfifferling, Starkriechender Trompetenpfifferling oder Shiitake eignen sich auch für dieses Rezept. 100 g Pilze sollten ausreichen. Statt die Sauce selbst zuzubereiten, kann man auch 200 ml fertige Teriyaki-Sauce nehmen.

LACHSROULADEN MIT TOTENTROMPETE

Totentrompete und Lachs in Wirsing – eine festlichere und elegantere Variante der klassischen Kohlrouladen mit Hackfleisch.

4 PORTIONEN

- 20–30 g getrocknete Totentrompeten oder 100–150 g frische
- Butter zum Braten
- 1 frischer Wirsing
- Salz
- 500 g tiefgefrorener oder frischer Lachs
- ca 2 cm frischer Ingwer, gerieben
- 2 Schalotten, gehackt
- Saft von 1 Limette
- 2 TL Kartoffelmehl
- 1 TL Salz
- Evtl. Pfeffer

Die getrockneten Pilze in lauwarmem Wasser einweichen. Das Wasser abgießen und die eingeweichten oder frischen Pilze langsam 5–10 Minuten in Butter anbraten. Etwas Wasser zugießen, wenn die Pilze zu trocken werden. Abkühlen lassen.

Den Strunk aus dem Wirsing herausschneiden. Reichlich leicht gesalzenes Wasser in einem Topf aufkochen, in den der ganze Kohlkopf passt. Kohl hineinlegen. Herausnehmen und weiche Blätter ablosen. Diese Schritte wiederholen, bis die Blätter zu klein werden, um sie zu benutzen. Blätter abkühlen lassen.

Gefrorenen Lachs auftauen lassen, in kleine Würfel schneiden und in eine Schüssel geben. Ingwer und Zwiebeln mit Lachs, Limettensaft, Kartoffelmehl, 1 TL Salz und evtl. etwas Pfeffer vermischen. Die Totentrompeten untermischen und das Ganze kaltstellen.

Ofen auf 225 °C vorheizen. Ein Kohlblatt nehmen, ca. 1 EL der Lachsmasse in die Mitte geben und wie eine Kohlroulade zusammenrollen. Kohlrouladen dicht an dicht in eine gefettete feuerfeste Form einlegen, mit etwas geschmolzener Butter bepinseln. Auf mittlerer Schiene ca. 20 Minuten im Ofen backen.

Mit Reis, japanischer Sojasauce, blanchierten Möhren und Zuckerschoten servieren. Alternativ mit einer Weißweinsauce (siehe S. 85) und Kartoffeln.

DORSCHFILET UND WEISSWEINSAUCE MIT PILZEN

Pilze passen zu fast allem, auch zu Fisch, ob gebraten, gegrillt oder gekocht. Probieren Sie einfach verschiedene Fisch- und Pilzsorten aus.

4 PORTIONEN

- 100 g frische Pilze
- 2 Schalotten, fein gehackt
- Butter zum Braten
- 200 ml Fischfond
- 1 ½ EL Weizenmehl
- 100 ml trockener Weißwein
- 100 g Sahne
- 600 g Dorschfilet
- Salz, Pfeffer

Zum Anrichten:
- Möhren, gegart
- Zuckerschoten, gegart
- Dill
- Limetten- oder Zitronenscheiben

Die Pilze fein hacken. Zusammen mit den Zwiebeln in Butter langsam braten, bis die Zwiebeln glasig sind. Fischfond angießen. Das Mehl mit dem Wein vermischen und in die Sauce einrühren. Mit Salz und Pfeffer abschmecken.

Den Fisch in portionsgerechten Stücken braten oder grillen, salzen und pfeffern.

Mit der Sauce, Möhren und Zuckerschoten servieren. Mit Dill und Limetten- oder Zitronenscheiben garnieren.

Diese Sauce passt auch gut zu anderen Fischgerichten. Zum Lachs sollten Sie eher geschmacksintensive Pilze wie die Totentrompete, den Nelken-Schwindling oder den Trompetenpfifferling nehmen. Zu weißen Fischen passen Täublinge gut. Roter Heringstäubling und Brätling verleihen einen zarten Schalentiergeschmack.

GRATINIERTER HUMMER

Viele Male haben wir Silvester mit unseren Nachbarn gefeiert. Jeder bringt etwas mit, wir haben meist diese Vorspeise dabei. Sie sieht besonders festlich aus, wenn sie direkt in der Hummerschale serviert wird. Meine Schwägerin Gunilla kocht dieses Gericht auch an Silvester, doch sie füllt den Pilzrahm immer in Schneckenschalen, genau wie es Großvater Signe früher tat.

4 PORTIONEN

- 2 tiefgefrorene Hummer
- 200 g frische Champignons oder Braune Leder-Täublinge in Scheiben
- 4 EL Butter
- 2 EL Weizenmehl
- 400 ml Milch oder Sahne
- 150 g geriebener Käse
- 1 ½ EL Cognac
- Salz, Pfeffer

Die Hummer im Kühlschrank über Nacht auftauen lassen. Dann längs halbieren und den Schwanz auslösen. Die Zangen so vorsichtig aufknacken, dass sie noch möglichst unversehrt sind, um sie mit Pilzrahm zu füllen. Das Fleisch auslösen und zusammen mit dem Schwanzfleisch in Stücke schneiden.

Die Pilze in der Hälfte der Butter anschwitzen, bis sämtliche Flüssigkeit verkocht ist. Den Rest der Butter zugeben, das Mehl darüberstreuen und umrühren. Nach und nach die Milch einrühren. 5 Minuten kochen lassen. Dann das Hummerfleisch und den Großteil des Käses unterrühren, aber etwas zum Überbacken aufheben. Mit Salz, Pfeffer und Cognac abschmecken. Die Hummerschalen mit dem Pilzrahm füllen, den restlichen Käse darüberstreuen.

Bei 250 °C auf oberster Schiene im Ofen überbacken, bis der Käse geschmolzen und leicht gebräunt ist.

Man kann auch Zuchtchampignons mit getrockneten wilden Pilzen mischen. Es empfiehlt sich sogar, im Winter ein paar frische Zuchtpilze zu kaufen und die eigenen gefrorenen oder getrockneten Pilze damit zu mischen. So erhält man auch im Winter den Geschmack frischer Pilze.

Wollen Sie den Weißen Anis-Champignon verwenden, sollten Sie die Menge reduzieren, da dieser ein sehr intensives Aroma hat. Sie können sie gut mit ein paar milden Täublingen mischen.

MILCHLING-SALAT MIT GERÄUCHERTEM LACHS

Dieser Milchling-Salat mit geräuchertem Lachs, eingewickelt in dünnes Fladenbrot, ist ein luxuriöses Gericht für Picknicks. Darüber hinaus passt der Salat auch gut auf ein Buffet.

4 PORTIONEN

- 200 g abgekochte Rotbraune und/oder Nordische Milchlinge (siehe S. 11 unter „Einsalzen“)
- 1 TL Salz
- 1 rote Zwiebel, fein gehackt
- 1 EL Mayonnaise
- 300 g Naturjoghurt
- 2 Äpfel, fein gehackt
- ½ Birne, fein gehackt
- 2 cm Staudensellerie, fein gehackt
- Salz, Pfeffer

- 400 g geräucherter Lachs oder anderer geräucherter Fisch

Die Milchlinge fein hacken, 1 TL Salz darüberstreuen, in einen tiefen Teller legen und beschweren. Die gehackten Zwiebeln in kaltes Wasser einlegen, damit der Geschmack abgemildert wird.

Mayonnaise und Joghurt vermischen, Äpfel, Birnen und Sellerie dazugeben.

So viel Flüssigkeit wie möglich aus den Milchlingen pressen und diese dann unter den Salat mischen. Die Zwiebeln abtropfen lassen und ebenfalls untermischen. Mit Salz und Pfeffer abschmecken.

Den Milchling-Salat ein paar Stunden kalt stellen, damit der Geschmack sich richtig entwickeln kann.

Mit geräuchertem Fisch und evtl. einem groben dunklen Brot servieren.

LAMMEINTOPF

Ein Eintopf ist das perfekte Gericht, wenn man nicht viel Zeit oder keine Lust hat, am Herd zu stehen. Der Eintopf kümmert sich sozusagen um sich selbst, wenn er vor sich hinköchelt, und er wird immer besser, je länger er kocht.

4 PORTIONEN

- 300–400 g frische Pilze
- 1 kg Lammfleisch mit Knochen
- 50 ml Olivenöl
- 1 Dose geschälte Tomaten, abgetropft
- 4 Knoblauchzehen
- 2 Lorbeerblätter
- 1 TL getrockneter Rosmarin
- 1 TL getrockneter Thymian oder 1 EL frischer
- 500 ml Fleisch- oder Pilzbrühe
- 2 Zwiebeln, in Spalten
- 3 Möhren, in Scheiben
- Salz, Pfeffer

Die Pilze säubern und in große Stücke schneiden. Das Fleisch in Würfel schneiden und in einem Teil des Olivenöls in einer Pfanne bräunen. In einen Topf füllen. Die Pilze in Öl braten, bis sie ein wenig Farbe bekommen haben, dann ebenfalls in den Topf geben. Salzen und pfeffern, die Tomaten, Knoblauch, Lorbeerblätter, Rosmarin und Thymian hinzufügen. Mit Brühe angießen, bis alles bedeckt ist. Zugedeckt etwa 40 Minuten köcheln lassen, bis das Fleisch weich ist.

Zwiebeln und Möhren im Rest des Öls bräunen. In den Topf geben und mitgaren, bis alles weich ist.

In diesen Eintopf passen die meisten Pilze, am besten mischen Sie verschiedene Sorten. Wie wäre es mit Trompetenpfifferlingen, von denen es so viele gibt? Sie können auch einen Teil der Brühe gegen Rotwein austauschen.

EINTOPF MIT REN

Vor ein paar Jahren wohnten ein paar französische Pilzsammler ein paar Tage bei uns, da kochte ich diesen Eintopf. Sie fanden ihn sehr exotisch, was wohl am Rentierfleisch und den Moosbeeren lag.

4 PORTIONEN

- 1 Packung tiefgefrorenes Renfleisch, in hauchdünne, ca. 2 x 2 cm große Scheibchen geschnitten
- 2 EL Butter
- 400 g frische Pilze
- 2 Zwiebeln, gehackt
- 200 ml Bouillon aus Brühwürfeln
- 10 Wacholderbeeren
- ½ TL zerstoßener getrockneter Rosmarin oder 1 TL frischer
- 100 g Sahne
- 50 g Moosbeeren oder Preiselbeeren
- Salz, Pfeffer

Das Renfleisch in der Hälfte der Butter bräunen und anschließend in einen Topf umfüllen. Die Pilze in kleinerer Stücke schneiden und im Rest der Butter anbraten, bis sie etwas Farbe bekommen haben, dann die Zwiebeln hinzufügen und eine Weile mitbraten. In den Topf umfüllen. Bouillon, Wacholderbeeren und Rosmarin zugeben. Ohne Deckel ca. 10–15 Minuten kochen.

Mit Sahne angießen. Mit Salz und Pfeffer abschmecken, zuletzt die Moosbeeren oder Preiselbeeren hinzufügen.

Normalerweise ist Pelle Mitte August immer in Storlien. Dort sammelt er Reifpilze, Birken-Rotkappen, Gelbe Graustiel-Täublinge und Apfel-Täublinge, die er trocknet und mit nach Hause bringt. Diese Pilzmischung benutze ich für den Renfleisch-Eintopf. Aber Trompetenpfifferlinge, von denen es reichlich gibt, passen genauso gut. Natürlich können Sie das Renfleisch durch anderes, leichter erhältliches Wildfleisch oder auch durch Rinderfilet ersetzen.
Man kann eingemachte Preiselbeeren nehmen, wenn keine frischen oder gefrorenen Preiselbeeren oder Moosbeeren bekommt.

SCHWEINEFILET IN BLÄTTERTEIG

Mein Schwiegersohn bekommt von mir immer Schweinefilet mit Pfifferlingen in Blätterteig zum Geburtstag. Das beste Gericht aller Zeiten, sagt er. Ich selbst mag es nicht so gerne, aber was tut man nicht alles für den Schwiegersohn!

4 PORTIONEN

- 500 g Schweinefilet
- Butter zum Braten
- 200–300 g tiefgefrorene Pfifferlinge
- 100 g Crème fraîche
- Evtl. Saucenbinder
- 2 Platten tiefgefrorener Blätterteig
- 1 Eigelb
- Salz, Pfeffer

Das Filet parieren. Von allen Seiten in Butter bräunen. Salzen und pfeffern, in Alufolie wickeln und abkühlen lassen.

Die Pfifferlinge in Butter anschwitzen, Crème fraîche dazugeben, einkochen lassen und ggf. mit Saucenbinder abbinden. Abkühlen lassen.

Den Ofen auf 225 °C vorheizen. Die Blätterteigplatten zu einem Rechteck ausrollen, das groß genug für das Schweinefilet ist. Das Filet auf den Teig legen, den Pilzrahm darübergeben. Die Teigkanten um das Filet herum fest zusammendrücken. Mit Eigelb bepinseln. Blätter oder Figuren aus restlichem Teig ausschneiden und mit ein wenig Wasser auf dem eingewickelten Filet ankleben.

Ca. 20 Minuten backen. Nutzen Sie am besten ein Fleischthermometer, um zu sehen, ob das Fleisch gar ist. Die Kerntemperatur sollte ca. 70 °C betragen. Mit einem Salat servieren.

Man kann auch Rinderfilet nehmen. Das muss nicht durchgebraten sein, bei 55 °C Kerntemperatur ist es rosarot, bei 60 °C rosa und bei 70 °C durchgebraten.

Die Lieblingspilze meines Schwiegersohnes sind Pfifferlinge, aber Sie können auch Pilzmischungen, Trompetenpfifferlinge, Starkriechende Trompetenpfifferlinge, Totentrompeten oder normale Zuchtchampignons nehmen.

Dies ist ein wunderbares Essen für Gäste, denn man kann das Fleisch vorher anbraten und den Pilzrahm vorbereiten. Dann muss man nur noch einen leckeren Salat dazu servieren.

LEICHT GEPÖKELTES LAMMFILET MIT WARMEM PILZSALAT MIT THYMIAN-VINAIGRETTE

Für dieses Buch hat uns Dieter Endom eines seiner besten Rezepte geschenkt.

4 PORTIONEN

Salzschicht:

- 500 ml Wasser
- 2 EL Jodsalz
- 1 TL Feinzucker

- 500 g Lammfilet
- Chinesische Sojasauce
- 300 g geschälte Kartoffeln, in Spalten
- 300 g frische Große Schmierlinge, Braune Leder-Täublinge, Graubraune Schnecklinge und Reifpilze, in Stücke geschnitten
- 1 EL Olivenöl
- 200 g grüne Bohnen, blanchiert
- 2 Knoblauchzehen, gehackt
- Salz, grober schwarzer Pfeffer

Salatdressing:

- 3 EL Wasser, 4 EL Zitronensaft
- 4 EL Olivenöl
- 1 TL Salz
- 1 ½ EL grob gehackter frischer Thymian

Die Zutaten für die Salzschicht verrühren. Das Lammfleisch für ca. 1 Stunde in die Salzlake einlegen. Die Lake sollte das Fleisch komplett bedecken.

Den Ofen auf 175 °C vorheizen. Das Filet aus der Lake nehmen und abtropfen lassen, mit einem Küchentuch abtupfen. Das Fleisch mit etwas Sojasauce einpinseln und im Ofen von jeder Seite ca. 4–5 Minuten braten, etwas länger, wenn das Fleisch durchgebraten sein soll. Das Fleisch in Folie einwickeln und ruhen lassen.

Kartoffeln in leicht gesalzenem Wasser fast gar kochen, ca. 8–10 Minuten. Wasser abgießen und die Kartoffeln zur Seite stellen.

Die Pilze in eine heiße Pfanne geben und die Flüssigkeit einkochen lassen. Die Hitze erhöhen, Olivenöl zugeben und die Pilze knusprig braten. Kartoffeln, Bohnen und Knoblauch hinzufügen und ein paar Minuten mitbraten, damit alles warm wird. Mit schwarzem Pfeffer abschmecken.

Das Salatdressing anmischen und über den Pilzsalat gießen. Das Fleisch aufschneiden und mit dem warmen Pilzsalat servieren.

Für dieses Gericht stellt man sich am besten eine eigene Lieblingspilzmischung her. Vermeiden Sie aber Rote Heringstäublinge und Brätlinge.

PILZLASAGNE

Heutzutage ist Lasagne ein Klassiker. Mit Pilzen wird sie besonders lecker.

4 PORTIONEN

- 200–300 g frische Pilze
- 5 EL Olivenöl
- 2 Zwiebeln, fein gehackt
- 2 Möhren, fein gehackt
- 40 g Knollensellerie, fein gehackt
- 250 g Hackfleisch
- 1 Dose stückige Tomaten
- 1 EL konzentrierter Fleisch- oder Gemüsefond
- 4 EL Rotwein
- 250 ml Wasser
- 1 TL Salz
- 2 Pr schwarzer Pfeffer
- 250 g frische Lasagneblätter
- 100 g Cheddar, gerieben
- 100 g Frischkäse
- 100 ml Milch

Die Pilze in einer Pfanne ohne Zugabe von Fett anbraten, bis die Flüssigkeit komplett eingekocht ist. Einen Teil des Öls hinzufügen, darin die Pilze braten, bis sie eine schöne Farbe bekommen haben. Zur Seite stellen.

Gemüse im Rest des Öls anschwitzen, das Hackfleisch dazugeben und alles zusammen bräunen. Dann die gehackten Tomaten, den Fond, den Rotwein und das Wasser hinzufügen. Mit Salz und Pfeffer abschmecken.

Auf den Boden einer feuerfesten Form ein wenig von der Hackfleischsauce geben. Lasagneblätter, Hackfleischsauce und Pilze schichten. Käse und Milch vermischen und über die oberste Schicht Lasagneblätter gießen. Ein paar der gebratenen Pilze zum Schluss auf die Lasagne legen. Bei 225 °C auf mittlerer Schiene ca. 20 Minuten backen.

Vegetarische Lasagne: Pilz- und Gemüsemengen erhöhen und Hackfleisch weglassen.

RENHACKSTEAKS MIT BIRKEN-ROTKAPPEN UND IN PANKO GEBRATENEN SCHAF-PORLINGEN

Viele Jahre lang hat Pelle mit Lena Flaten im Restaurant Flamman in Storlien zusammengearbeitet. Pilze und Wildpflanzen sind dort eine fester Bestandteil auf der Speisekarte. Hier kommt eines ihrer Rezepte, ein richtiges Festmahl! Gemischte Täublinge schmecken genauso gut.

4 PORTIONEN

Renhacksteaks:

- 200 g frische Birken-Rotkappen oder andere Pilze, am besten Mischpilze
- Butter zum Braten
- 3 Schalotten, fein gehackt
- 1 Zweig frischer Thymian oder Rosmarin
- 3 zerstoßene Wacholderbeeren
- 350 g Renhackfleisch oder anderes Wildhackfleisch
- 150 g Sahne
- Salz, Pfeffer

Die Birken-Rotkappen fein hacken und in einer Pfanne ohne Zugabe von Fett braten, bis die Flüssigkeit verkocht ist. Butter und Zwiebeln zugeben und mitschmoren. Gehackten Thymian, Wacholder, Salz und Pfeffer hinzufügen. Abkühlen lassen. Sahne unter das Hackfleisch rühren, dann die Pilze und die Zwiebeln untermischen. Mit Salz und Pfeffer abschmecken. Das Hackfleisch in zwei Hälften teilen und zu zwei dicken Rollen formen. Zunächst in einen Bratschlauch, dann in Alufolie wickeln. Darauf achten, dass alles dicht verpackt ist.

Ein Blech mit Wasser in den Ofen stellen, den Ofen auf 130 °C vorheizen. Die Rollen ins Wasserbad legen, bis die Kerntemperatur 55 °C beträgt. Herausnehmen und die Rollen ruhen lassen.

Preiselbeersauce:

- 8 Schalotten, fein gehackt
- 3 Knoblauchzehen, fein gehackt
- Butter zum Braten
- 2 EL Farinzucker
- 3 Zweige Rosmarin
- 200 ml Rotwein
- 400 ml Wasser
- 4 EL konzentrierter Kalbsfond
- 1 EL Balsamicoessig
- Evtl. heller Saucenbinder
- 200 ml Preiselbeerkompott

Zwiebeln und Knoblauch in Butter anschwitzen, bis sie Farbe bekommen, Zucker zugeben und alles verrühren, bis dieser sich aufgelöst hat. Rosmarin, Rotwein, Wasser, Fond und Essig zugeben. Aufkochen lassen und bis auf ca. die Hälfte reduzieren. Durch ein Sieb geben, ggf. mit dem Saucenbinder abbinden. Preiselbeerkompott hinzugeben und die Sauce pürieren. Warm halten oder kurz vor dem Servieren erwärmen.

Blumenkohlpüree:
- 1 kleiner Blumenkohl
- 1 Schalotte, gehackt
- 50–100 g Butter
- 200 ml Gemüsebrühe
- Salz, Pfeffer

Den Blumenkohl in Röschen teilen. Zusammen mit der Schalotte in etwas Butter anbraten. Die Brühe angießen und den Blumenkohl garen, bis er weich ist. Dann die Brühe abgießen. Mit der restlichen Butter pürieren.

Salzen und pfeffern. Püree warm halten.

In Panko gebratene Schaf-Porlinge:
- 4 Hüte von Schaf-Porlingen
- 60 g Weizenmehl oder Saucenbinder
- 1–2 Eier
- 180 g Pankopaniermehl (aus dem Asia-Supermarkt)
- Butter und Öl
- Salz, Pfeffer

- ca. 400 g Brokkoli-Röschen

Die Hüte so zurechtschneiden, dass sie möglichst gleich dick sind. In Mehl wenden, danach in verquirltem Ei und zuletzt in Pankopaniermehl. In Butter und Öl goldbraun braten, salzen und pfeffern. Warm halten. Auch die Brokkoliröschen in Salzwasser kochen und dann warm halten.

Kurz vor dem Servieren jede Hackfleischrolle in 2 Stücke teilen und in einer Grillpfanne von beiden Seiten grillen.

Mit Schaf-Porlingen, dem Blumenkohlpüree, dem Brokkoli und ein wenig Preiselbeersauce anrichten. Die restliche Sauce dazu servieren.

Und wenn man es sich ein wenig einfacher machen möchte? Nehmen Sie normales Hackfleisch, teilen Sie es in vier Portionen und braten Sie es in einer Pfanne. Blumenkohl und Brokkoli in Brühe kochen, danach den Blumenkohl mit etwas Butter pürieren, den Brokkoli ganz lassen. Normales Paniermehl für die Schaf-Porlinge nehmen. Mit Preiselbeerkompott servieren.

OSSOBUCO MIT TÄUBLING-HÜTEN

Täublinge werden unter Pilzsammlern immer beliebter. Warum lassen wir ihre Lieblingspilze nicht einen klassischen italienischen Eintopf aufpeppen?

4 PORTIONEN

- 100 ml Olivenöl
- 400 g Täubling-Hüte
- 600 g Kalbshaxe in Scheiben
- 2 Möhren, gewürfelt
- 50 g Knollensellerie, gewürfelt
- 1–2 Zwiebeln, gehackt
- 2 Knoblauchzehen, gehackt
- 400 g stückige Tomaten
- 200 ml Weißwein
- 1 TL Salz
- 1 Pr schwarzer Pfeffer
- 1 Lorbeerblatt
- 2 EL konzentrierter Kalbsfond (oder 1 Brühwürfel)
- 2 TL getrockneter Thymian
- 2 TL getrocknetes Basilikum
- Abgeriebene Schale von ½ Zitrone

Einen Teil des Öls erhitzen und die Pilz-Hüte nacheinander bräunen. Zur Seite stellen.
Das Fleisch in einem Gusstopf in der Hälfte des restlichen Öls anbraten. Den Rest des Öls dazugeben und die Pilze und das Gemüse hinzufügen. Ein paar Minuten braten. Tomaten, Wein, Salz, Pfeffer, Lorbeerblatt und Kalbsfond in den Topf geben.

Zugedeckt bei schwacher Hitze ca. 1–1 ½ Stunden köcheln lassen, bis das Fleisch mürbe ist. Dann Kräuter und die Hälfte der geriebenen Zitronenschale dazugeben.

Die restliche Zitronenschale beim Anrichten darüberstreuen, nach Belieben auch frische Kräuter. Mit Reis oder Nudeln und Salat servieren.

Wer kein Kalbfleisch mag, nimmt Schweinshaxe ohne Schwarte oder einen Lammrücken, jeweils in Scheiben. Lamm ist nach ca. 45 Minuten fertig, die Schweinshaxe braucht ca. 1 ½ Stunden.

ROASTBEEF MIT STEINPILZEN UND KNOBLAUCH

So sind Steinpilze am leckersten: in Olivenöl mit etwas Knoblauch und Petersilie gebraten. Dann einfach die Pilze servieren, wie sie sind, mit etwas Brot oder mit einem schönen Stück Fleisch dazu.

4 PORTIONEN

- 500 g Roastbeef oder Rinderfilet in 4 Stücken
- 300 g frische Steinpilze in Scheiben
- Olivenöl zum Braten
- 1–2 Knoblauchzehen
- Butter zum Braten
- Gehackte Petersilie
- Salz, schwarzer Pfeffer

Das Fleisch aus dem Kühlschrank nehmen und Raumtemperatur annehmen lassen.

Die Pilze in reichlich Öl braten, bis sie Farbe angenommen haben. Hitze reduzieren und Knoblauch, feingehackt oder gepresst, dazugeben. Bei schwacher Hitze weitere 5–10 Minuten braten. Salzen und pfeffern. Petersilie darüberstreuen und warm halten.

Roastbeef- oder Rinderfiletscheiben 2–3 Minuten von jeder Seite braten, je nachdem, wie durchgebraten Sie es haben möchten. Salzen und pfeffern.

Das Fleisch mit den Steinpilzen, Kartoffelspalten und einem Salat servieren.

In Italien bereitet man Steinpilze oft so zu. Probieren Sie sie auch mal mit Pasta und Parmesan. Oder auf einem saftigen hellen Brot, am besten getoastet.

PILZPESTO

Im Frühling müssen Sie unbedingt einmal ein Pilzpesto zubereiten, wenn Knoblauchsrauke und Brennnesseln noch jung sind.

CA 300 G

- 1–2 tiefgefrorene Semmel-Stoppelpilze
- 200 ml Olivenöl
- 3–4 Handvoll Brennnesseln
- 10 Blätter Knoblauchsrauke
- 2 Knoblauchzehen
- 50 g Pinienkerne oder geschälte Mandeln
- 100 g Parmesan, gerieben
- Salz

Die Semmel-Stoppelpilze hacken und langsam in etwas Öl anbraten, bis sie anfangen, Farbe anzunehmen. Abkühlen lassen.

Die Brennnesseln waschen und in kochendes Wasser geben, 5 Minuten kochen lassen.

Das Wasser abgießen, die Nesseln kalt abspülen und das Wasser ausdrücken. Dann hacken. Pilze, Brennnesseln, Knoblauchsrauke, Knoblauch, Pinienkerne oder Mandeln und Parmesan vermischen. Pürieren und mit Olivenöl verdünnen. Mit Salz abschmecken.

Brennnesseln und Knoblauchsrauke kann man auch sammeln, wenn sie schon etwas größer sind. Dann sollten Sie aber nur die obersten Blätter der Pflanzen nehmen. Mairitterlinge und Schaf-Porlinge lassen sich auch gut verwenden. Achten Sie darauf, dass die Pilze mindestens 15 Minuten gebraten oder gekocht worden sein müssen, bevor sie im Pesto verarbeitet werden.

Knoblauchsrauke ist ein gewöhnliches Unkraut, das in den meisten Teilen Europas wächst. Geschmacklich erinnert sie leicht an Knoblauch. Bärlauch ist ein weiteres wildes Kraut, das man heute fast überall im Handel bekommt. Damit können Sie die Knoblauchsrauke im Rezept ersetzen. Wenn Sie weder Knoblauchsrauke noch Bärlauch zur Hand haben, nehmen Sie einfach mehr Brennnesseln.

TOMATENSAUCE

Diese Tomatensauce bereite ich immer zu, wenn wir grillen. Meist in sehr großen Mengen. Man kann jede Art von Pilz nehmen, aber ich verwende am liebsten Kiefern-Habichtspilze, denn die haben einen leicht rauchigen Geschmack und eine schöne Konsistenz. Man kann sie sehr dünn schneiden, ohne dass sie kaputt gehen.

6 PORTIONEN

- 150 g frische Kiefern-Habichtspilze
- 2 Zwiebeln, fein gehackt
- 2 Knoblauchzehen, fein gehackt
- 2 EL Olivenöl zum Braten
- 1 Dose stückige Tomaten
- 1 EL Tomatenmark
- evtl. 1 TL Sambal Oelek oder fein gehackte rote Chili
- 2–3 EL Ketchup
- Basilikum, Oregano, Thymian, frisch oder getrocknet
- Salz, Pfeffer

Die Kiefern-Habichtspilze in Streifen schneiden. In einen Topf mit kaltem Wasser geben und aufkochen. Das Wasser abgießen. Zwiebeln und Knoblauch in der Hälfte des Olivenöls anschwitzen, bis die Zwiebeln glasig sind. Dann das restliche Öl angießen, die Pilze dazugeben und ein paar Minuten braten. Die Tomaten, das Tomatenmark und ggf. Sambal Oelek hinzufügen. Die Hitze erhöhen, sodass die Sauce richtig kocht. Ketchup zugeben und mit Salz und Pfeffer abschmecken. Die Sauce darf ruhig lange stehen und einkochen, damit sie schön dick wird. Wenn sie zu dick wird, etwas Wasser angießen. Gehackte Kräuter dazugeben und als Sauce zu Gegrilltem servieren.

Manchmal füge ich auch einen Brühwürfel und einen Schuss Rotwein hinzu. Zu Lamm können Sie auch gehackte Minze in der Sauce ausprobieren. Was übrig bleibt, kann man als Pastasauce verwenden. Schneiden Sie doch mal die Reste vom Grillfleisch hinein oder braten Sie Hackfleisch an und mischen es unter.

MILCHLING-SALAT

Der Milchling-Salat wurde ursprünglich aus getrockneten Pilzen zubereitet. Man kennt Varianten davon in Russland und in Finnland. Zum Thema Einsalzen sehen Sie nochmal auf *S. 11* *nach.*

6–8 PORTIONEN

- 1–8 frische Nordische oder Rotbraune Milchlinge
- 2 TL Salz
- 1 rote oder weiße Zwiebel, fein gehackt
- 1 Apfel, fein gehackt
- 300 g Crème fraîche oder saure Sahne

Die Pilze in kleinere Stücke schneiden, in reichlich kaltes Wasser geben, aufkochen lassen und 15 Minuten kochen. Dann die Pilze abspülen und abtropfen lassen. Mit Salz vermischen.

Zwiebeln und Apfel unter die Crème fraîche rühren. Flüssigkeit aus den Pilzen drücken, diese fein hacken und in den Salat mischen. Einige Stunden kalt stellen, am besten über Nacht.

Servieren Sie beispielsweise ein dunkles Brot dazu und garnieren Sie mit Kaviar. Probieren Sie den Salat auch mal zu eingelegtem Hering.

Normalerweise salze ich die Milchlinge nicht ein. Aber ich habe meist einen Vorrat an abgekochten Milchlingen im Gefrierschrank, die ich das ganze Jahr über herausnehmen kann, um Milchling-Salate und Eingelegtes zuzubereiten.

Eigentlich wiege ich die Zutaten nicht so genau ab, wenn ich einen Milchling-Salat mache. Stattdessen gehe ich von der Menge Milchlinge aus, die ich habe, dann nehme ich ungefähr halb so viel Zwiebeln und Apfel. Zum Schluss gebe ich Crème fraîche dazu, bis alles sämig ist. Man kann auch Naturjoghurt oder Quark nehmen, dann am besten gemischt mit saurer Sahne oder Crème fraîche.

PILZE IM SPECKMANTEL

Eine Variante der beliebten Pflaumen oder Datteln im Speckmantel.

16 STÜCK

- 8 Scheiben Frühstücksspeck
- 16 kleine frische Pilze oder große Pilzstücke
- Zahnstocher
- Öl zum Braten

Den Speck einmal in der Mitte durchschneiden. Die Pilze oder Pilzstücke jeweils in eine halbe Scheibe Speck wickeln, mit einem Zahnstocher feststecken und in heißem Öl braten, bis sie knusprig sind. Als Snack servieren, heiß oder kalt.

Das Bratfett anschließend durchsieben und in ein Glas gießen. Man kann es später benutzen, um Pilze darin zu braten. Der Speckgeschmack passt hervorragend zu Pilzen.

Man kann alle festen Pilze nehmen: Steinpilze, Pfifferlinge, Schaf-Porlinge, Semmel-Stoppelpilze oder Habichtspilze. Am besten verwenden Sie nur kleine Exemplare oder Stiele. Schneiden Sie große Pilze in gleich große Stücke.

FALSCHE SCHNECKEN

Zuchtchampignons sind toll, denn sie bilden kleine Schälchen, wenn man den Stiel herausgedreht hat. Kleine Fichten-Reizker oder Täublinge mit eingerollten Kanten kann man aber auch nehmen.

24 STÜCK

- 24 Zuchtchampignons
- 50 g Butter
- 1 Knoblauchzehe, fein gehackt
- 1 TL Paniermehl
- Saft von 1/4 Zitrone
- 1/2 Bund gehackte Petersilie
- 1 TL Salz
- 1 Pr weißer Pfeffer

Vorsichtig die Stiele aus den Pilzhüten drehen. Die Hüte in eine gefettete feuerfeste Form geben. Die Stiele fein hacken und mit der Butter und den übrigen Zutaten vermischen. Pilzhüte mit der Pilz-Butter-Mischung füllen.

Die Pilze bei 225 °C ca. 20 Minuten backen.

Normalerweise püriere ich die Stiele und den Knoblauch im Mixer, dann gebe ich Butter, Paniermehl und Zitronensaft dazu und püriere erneut. Zum Schluss mische ich die gehackte Petersilie unter. Wenn man die Petersilie mit püriert, wird die Mischung grün!

Man kann die Pilzhüte auch auf den Grill legen.

FRITTIERTE PILZE

Frittierte Pilze sind ein prima Snack zu Drinks und schmecken am besten, wenn sie ganz frisch sind.

- 300 g kleine feine frische Pilze oder 1 Krause Glucke in Stücken
- 750 ml Öl zum Frittieren
- Salz

Ausbackteig:
- 120 g Weizenmehl
- 150 ml helles Bier
- 1 Eiweiß

Die Pilze säubern. Dünne Pilze, Trompetenpfifferlinge und Totentrompete können ganz bleiben, wenn sie klein sind. Die Pilze in gleich große Stücke teilen.

Mehl und Bier verrühren, bis eine geschmeidige Masse entsteht. Eiweiß steif schlagen. Achten Sie darauf, dass Schüssel und Schneebesen sauber sind, sonst wird der Eischnee nicht fest. Den Eischnee unter die Mehl-Bier-Masse heben.

Öl in einem Topf mit dickem Boden auf 180 °C erhitzen. Das Öl sollte ca. 5 cm hoch im Topf stehen. Einen Deckel bereitlegen. Öl, das zu heiß wird, kann Feuer fangen, legen Sie dann schnell den Deckel auf, damit das Feuer erlischt. Niemals versuchen, mit Wasser zu löschen. Wenn Sie eine Fritteuse haben, benutzen Sie diese.

Die Pilze in den Backteig tauchen und nacheinander frittieren, bis sie goldbraun sind. Beim Frittieren immer mal wenden, damit sie von allen Seiten gleichmäßig braun werden. Auf Küchenpapier abtropfen lassen. Salzen. Als Snack zu Drinks servieren.

PFIFFERLINGE, MIT SPECK GEBRATEN

Gebratene Pfifferlinge auf Knäckebrot sind für mich die schönste Belohnung nach einem Tag im Pilzwald.

4 BROTE

- 500–600 g frische Pfifferlinge
- 8 Scheiben Frühstücksspeck, in Streifen
- 4 Scheiben Knäckebrot
- Salz, Pfeffer

Pfifferlinge in eine Pfanne geben und im eigenen Sud kochen, bis dieser ganz eingekocht ist.
Die Frühstücksspeckstreifen dazugeben und braten, bis die Pilze Farbe angenommen haben und der Speck knusprig ist. Mit Salz und Pfeffer abschmecken.

Speck-Pfifferlinge auf einem guten Knäckebrot servieren.

Wenn Sie nicht genug Pfifferlinge haben, können Sie sie auch mit Austern-Seitlingen mischen.

Nicht nur Pfifferlinge lassen sich prima mit Speck braten. Steinpilze, kleine feste Boviste und Trompetenpfifferlinge sind gute Alternativen.

EINGELEGTE PILZE

Eingelegte Pilze sind eine leckere Beilage zu Fleischgerichten, ganz gleich, ob Sie es am Stück oder als Hackfleisch verwenden.

- 100–150 g frische kleine Pilze, egal welche Sorte

Marinade:
- 50 ml Essig
- 50 ml Olivenöl
- 50 ml Wasser
- 1 TL Salz
- ca. 1 cm rote Chili, in dünnen Ringen
- 3 Knoblauchzehen, der Länge nach halbiert
- Einige Zweige frischer Thymian, Oregano, Basilikum oder ein paar Blätter Liebstöckel

Alle Pilze ganz lassen, nur größere evtl. halbieren.

Kleine Rotbraune Milchlinge sind eingelegt sehr dekorativ, müssen aber zunächst abgekocht werden, sonst ist ihr Aroma zu pfeffrig. In reichlich kaltes Wasser geben und aufkochen lassen. 10–15 Minuten kochen, das Wasser abgießen.

Die anderen Pilze werden in kochendes Wasser gegeben und 10–15 Minuten gekocht. Das Wasser abgießen und die Pilze abspülen.

Die Marinade in einem Topf verrühren, aufkochen, die Pilze dazugeben und bei niedriger Hitze 10 Minuten kochen. Die Kräuter herausnehmen. Abkühlen lassen. Evtl. einen neuen Kräuterzweig einlegen.

Man kann die Pilze natürlich direkt genießen, aber sie werden noch besser, wenn sie noch einen Tag im Kühlschrank stehen bleiben.

Wenn man keine Chili nehmen möchte, kann man auch rote Paprika verwenden. Sie können auch Möhren und kleine Zwiebeln ausprobieren. Verdoppeln Sie dann aber die Menge der Marinade, damit alles damit bedeckt ist.

JANNE SÄÄFS MAIRITTERLING-PICKLES

- 500 g kleine frische Mairitterlinge
- 1 EL Salz

Marinade:
- 200 ml weißer Essig (12 % Säure)
- 300 ml Wasser
- 100 g Zucker
- ½ EL Senfkörner
- 1 Lorbeerblatt
- 5 Gewürznelken
- 6 schwarze Pfefferkörner

Kräuter und Gemüse:
- 1 kleine Möhre
- 2 cm Meerrettich
- ein paar kleine Blumenkohlröschen
- Salz
- ½ kleine grüne Zucchini
- 1 Paprika
- 1 ganze rote Chili
- 1 Knoblauchzehe oder einige Blätter Schlangenlauch

Mairitterlinge säubern und gut abspülen. In einen Topf geben und so viel Wasser angießen, dass die Pilze gerade bedeckt sind. Salz dazugeben und alles 10 Minuten kochen. Das Wasser abgießen.

Die Marinade vermischen und 15 Minuten zugedeckt kochen. Danach mindestens 1 Stunde ziehen lassen.

Alle Gemüsesorten gut abwaschen. Die Möhre und den Meerrettich schälen. Die Möhre in Scheiben schneiden und zusammen mit dem Blumenkohl in leicht gesalzenem Wasser kurz kochen, sodass sie noch bissfest sind. Herausnehmen und abtropfen lassen.

Zucchini und Paprika in gleich große Stücke teilen, den Meerrettich in dünne Scheiben schneiden. Die Chili ein paar Mal einschneiden, damit die Marinade eindringen kann. Pilze und Gemüse in Einweckgläser schichten.

Die Marinade aufkochen und in die Gläser gießen. Sofort verschließen. Gläser auf den Kopf stellen und an einem kühlen und dunklen Ort verwahren.

Sollen die Pickles länger haltbar sein, Gläser nach ein paar Tagen in einen Topf stellen, Wasser angießen, bis die Gläser zu zwei Dritteln bedeckt sind, langsam auf 80 °C erhitzen und die Gläser 30 Minuten darin stehen lassen. Im Wasser abkühlen lassen. Sind die Deckel wirklich dicht, halten sich die Pilze bis zu 1 Jahr.

RESTE

Mit Pilzen kann man prima strecken. Ich habe schon oft unseren Essensresten mit ein paar Pilzen zu neuem Glanz verholfen.

Schauen Sie in den Kühlschrank. Sieht etwas so aus, als müsste es sofort verbraucht werden? Verlassen Sie sich nicht blind auf das Mindesthaltbarkeitsdatum. Milchprodukte, die kalt gelagert wurden, können verzehrt werden, solange sie riechen und schmecken, wie sie sollen. Genauso halten sich Eier deutlich länger, als auf den Verpackungen angegeben.

Wenn etwas im Kühlschrank liegt, bei dem ein Verbrauchsdatum angegeben ist, bereiten Sie es direkt zu. Dadurch hält es sich noch einen Tag länger oder kann eingefroren werden. Bei empfindlichen Lebensmitteln wie Hackfleisch, Fisch, Fleisch, Huhn etc. steht ein Verbrauchsdatum auf der Packung.

Riechen Sie immer an den Zutaten. Wenn etwas zu warm gelagert wurde, kann es schon schlecht sein, bevor das Mindesthaltbarkeitsdatum erreicht ist.

Manchmal bleiben Reste übrig, z. B. eine Hähnchenbrust von einem Grillhähnchen. Oder Sie haben noch eine würzige Wurst oder etwas Grillfleisch vom Grillen. Meist reicht das kaum für eine Person, aber – Simsalabim – mit ein paar Pilzen und Gemüse kann man ein ganz neues Gericht kreieren, das mehrere Personen satt macht! In diesem Kapitel finden Sie ein paar Vorschläge, die Sie inspirieren sollen, Essen zu verarbeiten, das sonst vielleicht weggeworfen worden wäre.

Gekochter Fisch

Haben Sie gekochten Fisch übrig? Bereiten Sie die Suppe von S. 27 zu, geben Sie den Fisch zum Schluss dazu. Sie haben keine Brätlinge oder Roten Heringstäublinge? Nehmen Sie einen anderen Pilz, z. B. Trompetenpfifferlinge.

Gemüse

Die Möhren sehen etwas schlapp aus? Ein Stück Steckrübe, das vertrocknet ist, oder anderes Wurzelgemüse, das seine besten Tage schon hinter sich hat? Einfach Teile entfernen, die nicht mehr gut aussehen, den Rest schälen. In Würfel schneiden und kochen, bis das Gemüse fast weich ist. Das Wasser abgießen und aufheben. Eine Zwiebel hacken, in etwas Butter oder Öl anschwitzen, bis sie glasig ist. Pilze braten, bis sie Farbe angenommen haben. Das Wurzelgemüse mit den Pilzen braten, bis alles weich ist. Die Zwiebeln dazugeben. Salzen und Pfeffern. Eine Kräutermischung darüberstreuen.

Jetzt könnte man das Ganze schon essen, wie es ist. Aber Ihnen fehlt darin vielleicht etwas Knoblauch? Pressen Sie 1 Knoblauchzehe hinein. Wenn Sie noch einen Rest Sahne oder Crème fraîche im

Kühlschrank haben, gießen Sie ihn ebenfalls hinein, zusammen mit einem Schuss des Gemüsesuds. Vielleicht noch einen Brühwürfel. Und plötzlich haben Sie eine Sauce zubereitet, die Sie zu Pasta oder einem Stück Fleisch servieren können.

Eier

Sie haben zu viele Eier gekauft, und das Mindesthaltbarkeitsdatum beunruhigt Sie? Ich verspreche Ihnen, Sie merken es sofort, wenn Sie ein Ei aufschlagen, das nicht mehr gut ist.

Bereiten Sie das Ofenomelett von S. 65 zu. Schlagen Sie jedes Ei einzeln in einer Tasse auf und riechen Sie daran, bevor Sie sie mit den anderen verrühren, damit nicht alles verdorben ist, wenn Sie ein faules Ei erwischt haben sollten.

Weiches Brot

Brot, das trocken wird, kann man würfeln und dann knusprig in Butter und/oder Öl braten. Dann hat man Croûtons. Oder zimmerwarme Butter mit gepresstem Knoblauch vermischen und auf ein paar Scheiben Brot streichen. Ganz oben im Ofen bei 200–225 °C 5–10 Minuten backen. Sowohl Croûtons als auch das Knoblauchbrot sind tolle Beilagen zu Suppen, siehe S. 23–35.

Das Pilzsandwich mit Ei auf S. 67 kann man auch gut damit zubereiten.

Salat

Manchmal macht man zu einer Mahlzeit zu viel Salat, und zum Servieren am nächsten Tag eignet er sich meist nicht. Aber im Wok wird daraus ein ganz neues Gericht. Eisbergsalat, Chinakohl und andere Kohl- oder Salatsorten, die im Kühlschrank schon leicht welk aussehen, kann man auch gut in den Wok geben. Alles, was nicht mehr schön aussieht, entfernen und den Rest in Streifen schneiden, bevor Sie den Salat in den Wok geben.

Salatstreifen aus dem Wok

- 300 g frische Pilze, am besten gemischt mit ein paar Shiitake-Pilzen, in Streifen
- Öl, am besten gemischt mit ½ TL Sesamöl
- 1 Knoblauchzehe, in dünnen Scheiben
- 1 Zwiebel, in Streifen
- ca. 1 cm rote Chili, fein gehackt, oder ½ TL Sambal Oelek
- ca. 1 cm Ingwer, fein gehackt
- 1 Möhre, in Streifen
- 1 Stange Lauch, in Streifen
- Salat, in Streifen

Die Pilze in Öl anschwitzen, bis sämtliche Flüssigkeit eingekocht ist und die Pilze langsam Farbe annehmen. Dann Knoblauch, Zwiebel, Chili und Ingwer zugeben und braten, bis die Zwiebeln weich sind. Eventuell mehr Öl dazugeben. Erst die Möhren, dann den Lauch und zuletzt den Salat hinzufügen. Als Gemüsebeilage oder mit in Streifen geschnittenem zubereitetem Fleisch und ein wenig Sojasauce zu Reis servieren.

HÜHNCHENRESTE

2 PORTIONEN

- Zubereitetes Hühnchen, ungefähr die Menge einer Hühnerbrust
- 2 Zwiebeln, in schmalen Spalten
- 1 Knoblauchzehe, in Scheiben
- Rapsöl zum Braten
- Sambal Oelek oder frische Chili
- ca. 2 cm frischer Ingwer, gerieben
- 300 g frische oder tiefgefrorene Pilze oder 30 g getrocknete, am besten auch ein paar Shiitake-Pilze
- 2 Möhren, in Streifen
- 1 Stück Wirsing oder Weißkohl, in Streifen
- 2 EL japanische Sojasauce
- 150 g Nudeln
- Salz, Pfeffer
- Evtl. 100 ml Hühnerbrühe + 2 Eier

Das Hühnchenfleisch in feine Streifen schneiden. Zwiebeln und Knoblauch langsam in Öl in einem Wok anbraten. Sambal Oelek und geriebenen Ingwer dazugeben.

Wenn die Pilze frisch sind, in einem Topf dampfgaren. Dann zusammen mit den Möhren und dem Wirsing in den Wok geben. Braten, bis das Gemüse beginnt, weich zu werden, aber noch bissfest ist. Sojasauce darübergießen.

Nudeln nach Packungsanweisung kochen. Die gekochten Nudeln mit dem Hühnchen im Wok vermischen. Mit Salz und Pfeffer abschmecken.

Wünscht man etwas mehr Eiweiß in dem Gericht, vermischt man die Brühe mit den Eiern und rührt es unter, bis das Ei gestockt ist.

Getrocknete Shiitake-Pilze bekommt man preiswert in Asia-Supermärkten. Es ist immer gut, sie im Haus zu haben, wenn man ein Wokgericht oder eine andere asiatische Mahlzeit zubereiten will. Denken Sie aber daran, getrocknete Pilze einzuweichen, bevor Sie sie verwenden (siehe S. 13).

GRILLRESTE

4 PORTIONEN

- 300 g frische Pilze
- Butter zum Braten
- 2 Zwiebeln, fein gehackt, oder eine entsprechende Menge kleine Cipollini-Zwiebeln (die sehen festlicher aus)
- 2 Knoblauchzehen, fein gehackt
- 1 rote Paprika, in Würfeln
- 400–500 g Fleischreste in Würfeln
- ½ Dose stückige Tomaten oder 1 EL Tomatenmark
- 100 ml Rotwein
- 100 ml Fleischbrühe
- Petersilie oder andere Kräuter
- Salz, Pfeffer

Pilze braten, bis sämtliche Flüssigkeit eingekocht ist, dann Butter dazugeben. Zusammen mit den Zwiebeln, der Paprika und dem Fleisch weiter braten. Tomaten, Wein und Fleischbrühe darübergießen. 5–10 Minuten kochen lassen. Mit Salz und Pfeffer abschmecken und Petersilie darüberstreuen. Mit gekochten Kartoffeln servieren.

Register

REZEPTREGISTER

GEMISCHTE PILZE

APFELTÄUBLING

AUSTERN-SEITLING

BIRKEN-ROTKAPPE